全国交通运输职业教育教学指导委员会规划教材
教育部中等职业教育汽车专业技能课教材

Qiche Wangluo Kongzhi Xitong Jianxiu

汽车网络控制系统检修

全国交通运输职业教育教学指导委员会
中国汽车维修行业协会   组织编写
毛叔平 主　编
郑玉宇 副主编

人民交通出版社股份有限公司
China Communications Press Co.,Ltd.

内 容 提 要

本书为全国交通运输职业教育教学指导委员会规划教材,主要内容包括:汽车网络系统常用术语与基本概念、汽车网络系统技术资料的阅读基础、汽车网络控制系统的故障类型与检修、丰田卡罗拉 CAN 控制模块检测、雪佛兰科鲁兹网络控制系统检测、大众帕萨特新领驭 CAN 控制系统检修。

本书适用于中等职业学校汽车运用与维修专业的教学,还可作为广大汽车工程技术人员的参考读物。

图书在版编目(CIP)数据

汽车网络控制系统检修/毛叔平主编.—北京:人民交通出版社股份有限公司,2017.3
全国交通运输职业教育教学指导委员会规划教材.教育部中等职业教育汽车专业技能课教材
ISBN 978-7-114-12225-5

Ⅰ.①汽… Ⅱ.①毛… Ⅲ.①汽车—计算机网络—维修—中等专业学校—教材 Ⅳ.①U472.41

中国版本图书馆 CIP 数据核字(2015)第 093775 号

书　　名:	汽车网络控制系统检修
著 作 者:	毛叔平
责任编辑:	戴慧莉
出版发行:	人民交通出版社股份有限公司
地　　址:	(100011)北京市朝阳区安定门外外馆斜街3号
网　　址:	http://www.ccpress.com.cn
销售电话:	(010)59757973
总 经 销:	人民交通出版社股份有限公司发行部
经　　销:	各地新华书店
印　　刷:	北京虎彩文化传播有限公司
开　　本:	787×1092　1/16
印　　张:	12.5
字　　数:	273 千
版　　次:	2017 年 3 月　第 1 版
印　　次:	2021 年 9 月　第 2 次印刷
书　　号:	ISBN 978-7-114-12225-5
定　　价:	29.00 元

(有印刷、装订质量问题的图书由本公司负责调换)

编审委员会

主　　任： 王怡民（浙江交通职业技术学院）

副 主 任： 刘建平（广州市交通运输职业学校）　　杨经元（云南交通技师学院）
　　　　　　赵　琳（北京交通运输职业学院）　　　张京伟（中国汽车维修行业协会）
　　　　　　陈文华（浙江交通职业技术学院）　　　王凯明（中国汽车维修行业协会）

特邀专家： 朱　军（中国汽车维修行业协会）　　　魏俊强（北京祥龙博瑞汽车服务有限公司）
　　　　　　张小鹏（庞贝捷漆油（上海）有限公司）　刘　亮（麦特汽车服务股份有限公司）

委　　员：（按姓氏笔画排序）
　　　　　　毛叔平（上海市南湖职业学校）　　　　王　健（贵阳市交通技工学校）
　　　　　　王彦峰（北京交通运输职业学院）　　　王　强（贵州交通职业技术学院）
　　　　　　占百春（苏州建设交通高等职业技术学校）刘新江（四川交通运输职业学校）
　　　　　　刘宣传（广州市公用事业技师学院）　　齐忠志（广州市交通运输职业学校）
　　　　　　吕　琪（成都工业职业技术学院）　　　李　青（四川交通运输职业学校）
　　　　　　李雪婷（成都汽车职业技术学校）　　　李春生（广西交通技师学院）
　　　　　　李文慧（新疆交通职业技术学院）　　　李　晶（武汉市东西湖职业技术学校）
　　　　　　陈　虹（浙江交通技师学院）　　　　　陈文均（贵州交通技师学院）
　　　　　　陈社会（无锡汽车工程中等专业学校）　张　炜（青岛交通职业学校）
　　　　　　杨永先（广东省交通运输高级技工学校）　杨承明（杭州技师学院）
　　　　　　杨建良（苏州建设交通高等职业技术学校）杨二杰（四川交通运输职业学校）
　　　　　　陆松波（慈溪市锦堂高级职业中学）　　何向东（广东省清远市职业技术学校）
　　　　　　邵伟军（杭州技师学院）　　　　　　　周志伟（深圳市宝安职业技术学校）
　　　　　　林育彬（宁波市鄞州职业高级中学）　　易建红（武汉市交通学校）
　　　　　　林治平（厦门工商旅游学校）　　　　　胡建富（浙江交通技师学院）
　　　　　　赵俊山（济南第九职业中等专业学校）　赵　颖（北京交通运输职业学院）
　　　　　　荆叶平（上海市交通学校）　　　　　　郭碧宝（广州市交通技师学院）
　　　　　　姚秀驰（贵阳市交通技工学校）　　　　崔　丽（北京市丰台区职业教育中心学校）
　　　　　　曾　丹（佛山市顺德区中等专业学校）　蒋红梅（重庆市立信职业教育中心）
　　　　　　喻　媛（柳州市交通学校）

秘 书 组： 李　斌　翁志新　戴慧莉　刘　洋（人民交通出版社股份有限公司）

前言 Preface

为深入贯彻落实全国职业教育工作会议精神和《国务院关于加快发展现代职业教育的决定》，促进职业教育专业教学科学化、标准化、规范化，教育部组织制定了《中等职业学校专业教学标准（试行）》。全国交通运输职业教育教学指导委员会具体承担了汽车运用与维修（专业代码082500）、汽车车身修复（专业代码082600）、汽车美容与装潢（专业代码082700）、汽车整车与配件营销（专业代码082800）4个汽车类专业教学标准的制定工作。

根据教育部《关于中等职业教育专业技能课教材选题立项的函》（教职成司函[2012]95号）文件精神，人民交通出版社申报的上述4个汽车类专业技能课教材选题成功立项。

2014年10月，人民交通出版社联合全国交通运输职业教育教学指导委员会、中国汽车维修行业协会在北京召开了"教育部中等职业教育汽车专业技能课教材编写会"，并成立了由全国交通运输职业教育教学指导委员会领导、中国汽车维修行业协会领导、知名汽车维修专家及院校教师组成的教材编审委员会。会上，确定了4个汽车类专业34本教材的编写团队及编写大纲，正式启动了教材编写。

教材的组织编写，是以教育部组织制定的4个汽车类专业教学标准为基本依据进行的。教材从编写到成稿形成以下特色：

1. "五位一体"的编审团队。从组织编写之初，就本着"高起点、高标准、高要求"的原则，成立了由国内一流的院校、一流的教师、一流的专家、一流的企业、一流的出版社组成的五位一体的编审团队。

2. 精品化的内容。编审团队认真总结了中职院校的优秀教学成果，结合了企业的职业岗位需求，吸收了发达国家的先进职教理念。教材文字精练、插图丰富，尤其是实操性的内容，配了大量实景照片。

3. 理实一体的编写模式。教材理论内容浅显易懂，实操内容贴合生产一线，将知识传授、技能训练融为一体，体现"做中学、学中做"的职教思想。

4.覆盖全国的广泛适用性。本套教材充分考虑了全国各地院校的分布和实际情况,涉及的车型和设备具有代表性和普适性,能满足全国绝大多数中职院校的实际需求。

5.完善的配套。本套教材包含"思考与练习"、"技能考核标准",并配有电子课件和微视频,以达到巩固知识、强化技能、易教易学的目的。

《汽车网络控制系统检修》是本套教材中的一本。与传统同类教材相比,本书的编写根据总线控制模块检测与维修中的各个环节,选择真实的工作过程作为专业教学的主线。以技能点学习为中心,突出技能操作的实用性,将大量的原理描述和技术分析内容简单化、通俗化和形象化,便于理解和应用。知识点的学习内容被结合到实例项目的操作过程之中,以适应职业学校学生形象思维能力较强的特点。本书突出强调了学习者具备专业资源的检索能力、专业资料的阅读能力、专用设备的操作能力和专业流程的执行能力的重要性,体现出现代汽车的维修特征。

本书的编写分工为:上海市南湖职业学校的匡家俊编写了单元一与单元二;上海市南湖职业学校的毛叔平编写了单元三与单元六;上海市曹杨职业技术学校的刘晶编写了单元四;上海市南湖职业学校的金喜庆编写了单元五;王德成、张继发、陶守成、周敏参与编写并提供技术支持。全书由上海市南湖职业学校的毛叔平担任主编、郑玉宇担任副主编。

限于编者水平,又是完全按照新的教学标准编写,书中难免有不当之处,敬请广大院校师生提出意见和建议,以便再版时完善。

编审委员会
2016 年 3 月

目录 Contents

单元一 汽车网络系统常用术语与基本概念 1
  一、汽车网络系统常用术语 1
  二、汽车网络的基本类型 4
  三、常见车系汽车网络简介 6

单元二 汽车网络系统技术资料的阅读基础 12
  一、汽车维修手册的阅读 12
  二、汽车电路图的识读基础 17
  三、汽车电控模块技术资料查询 29
  四、汽车网络基本波形介绍 37

单元三 汽车网络控制系统的故障类型与检修 52
  一、现代汽车诊断维修方法 52
  二、汽车网络控制系统故障检修 55

单元四 丰田汽车网络控制模块检测 62
  一、丰田 CAN 通信系统简介 62
  二、丰田 CAN 通信系统的故障排除 73
  三、丰田卡罗拉 CAN 通信系统故障检修 76
  四、丰田卡罗拉 LIN 通信系统故障检修 101

单元五 雪佛兰科鲁兹网络控制系统检测 111
  一、科鲁兹汽车网络系统检修与诊断设备的使用 111
  二、控制模块通信总线断开故障的检修 118
  三、车身控制模块的更换 131

单元六 大众帕萨特新领驭 CAN 控制系统检修 136
  一、CAN 控制系统模拟故障下的信号检测 136
  二、CAN 控制模块供电电源模拟故障检测 146
  三、网络控制系统模块更换与匹配 153
  四、舒适系统电控模块故障检修实例 182

参考文献 189

单元一　汽车网络系统常用术语与基本概念

 学习目标

1. 了解汽车网络系统的常用术语；
2. 了解汽车网络的基本类型；
3. 了解大众、通用、丰田三种车系的网络基本结构。

 建议课时

6课时。

一　汽车网络系统常用术语

汽车制造工艺的快速发展和综合性控制功能的提高,将导致汽车上导线数目急剧增加。在一些高级轿车上,导线的质量占到整车质量的4%左右。电控系统的增加虽然提高了轿车的动力性、经济性和舒适性,但随之增加的复杂电路也降低了汽车的可靠性,增加了维修的难度。尤其是在追求汽车小型化及实用化的今天,粗大的线束不但占用了汽车上宝贵的空间资源,而且也越来越难以安装在隐蔽位置。汽车新技术的发展应用与汽车线束根数及线径急剧增加的矛盾的凸显,加快了汽车电子技术、数字化控制技术、网络技术和控制技术的快速发展。所谓汽车网络,就是指通过数据通道,将各个控制模块连接成为一个整体。在一条数据线上传递的信号可以被多个系统共享,从而最大限度地提高系统整体效率,充分利用有限的资源。

随着汽车电子技术的不断发展,汽车电子化程度越来越高,汽车上的电子装置越来越多。汽车上新的技术增长点几乎无一不与电子技术和信息技术相关,现在汽车上每一个总成几乎都是机械、电子和信息一体化装置。控制模块的功能增加,导致了控制导线数量的增加。

(一)汽车网络控制系统的概念

电子控制技术在汽车上的广泛应用,拓展了电子控制的功能和控制内容,提高了控制精度和汽车性能,增加了带有计算机芯片的控制模块(ECU)。采用先进的单片机技术和网络技术,将整车的电气控制系统组成一个网络化、多ECU、多节点的有机的整体,减少了布线数量、提高了控制精度、实现了信息共享,这样的汽车电气系统就是汽车网络控制系统。由于控制软件的快速发展,汽车网络控制系统体现出了智能化的特征。

(二)汽车网络系统常用术语介绍

1 数据总线

数据总线是电控单元之间传递数据的通道。数据总线可以实现在一条数据线上传递的信息能被多个系统(电控单元)共享的目的,从而最大限度地提高系统整体效率,充分利用有限的资源,如图1-1所示。

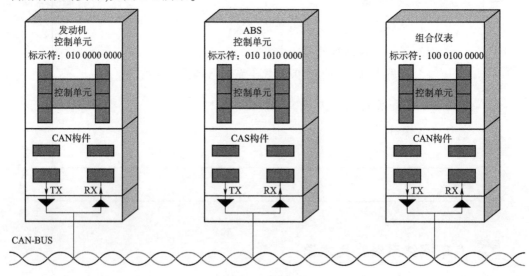

图1-1 数据总线

2 网络

为了实现信息共享而将多条数据总线连在一起,或将数据总线和模块连接为一个系统称为网络。汽车网络就是将各个带有计算机控制芯片的模块(ECU),通过总线连接到一起,实现各种信息的采集和传送。

3 多路传输

多路传输是指在同一条线路上实现不同方向的同时传输多个信息的一种表象。在微观上,这些数据都是分别传输的,但是由于传输速度很快,给人以同时完成的感觉。

多路传输的优点是:简化线束、减小质量、降低成本、拓展了功能、实现了共享。

4 网络拓扑结构

局域网是将单独的模块和终端,利用网络相互连接起来,遵循一定的协议,进行信息交换,实现资源共享。而网络要实现互联,就需要以一定的结构方式进行连接,这种连接方式就称为"拓扑结构"。

网络拓扑结构是指用传输媒体互连各种设备的物理布局,就是用什么方式把网络中的计算机设备或者模块连接起来。汽车网络拓扑图给出网络控制模块、电气总成设备的网络配置和相互间的连接。汽车网络的拓扑结构主要有星形结构、环形结构、总线结构等。

❺ 模块/节点

模块就是一种电子装置,如ECU。

在汽车网络控制系统中,带有ECU的控制模块被称为节点。

❻ 数据传输介质

通信网络中发送方和接收方之间的物理通路即为链路,包括有线传输和无线传输。无线传输介质:电磁波、红外线;有线传输介质:双绞线、同轴电缆、光纤。

汽车网络控制系统中的链路,是指构成各个模块之间物理连接的载体,分为有线和无线。目前,汽车上主要使用的都是有线网络,例如采用双绞线、同轴电缆和光纤等,见表1-1。

数据传输介质 表1-1

媒 体	信号类型	最大传输速度（Mbit/s）	最大传输距离（km）	网络节点数
双绞线	数字	1~2	0.1	几十
同轴电缆(50Ω)	数字	10	1	几百
同轴电缆(75Ω)	数字	50	1	几十
同轴电缆(75Ω)	模拟	50	1	几十
光纤	模拟	100	1	几十

不同的链路连接,需要设计不同的收发器电路。例如双绞线通信,需要电信号的收发器电路;光线通信,需要经过光电转换器然后再变成电信号,如图1-2所示。

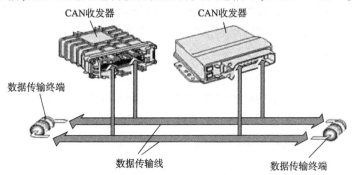

图1-2 通信链路示意图

❼ 通信协议

要想使两个ECU模块进行通信,必须使它们采用统一的信息交换规则。在计算机网络中,把用于规定信息格式及如何发送和接收信息的一套规则(标准、约定)称为通信协议(或网络协议)。

(三)汽车网络系统结构

1 车载网络协议标准

按系统的复杂程度、信息量、动作响应速度、可靠性要求等,SAE车辆网络委员会将汽车数据传输网划分为低速(A)、中速(B)、高速(C)三类。

A类是面向传感器/执行器控制的低速网络,数据传输位速率通常小于10kbit/s,主要用于电动门窗、灯光照明、后视镜调整、座椅调节等控制。A类网络目前首选的标准是LIN。

B类是面向独立模块间数据传输的中速网络,位速率一般在10~125kbit/s。主要用于车身信息中心、故障诊断、仪表显示、安全气囊等系统。B类网络中国际标准是CAN。

C类是面向高速、实时闭环控制的多路传输网,位速率可达125kbit/s~1Mbit/s,主要用于牵引控制、发动机控制、ABS等系统。在C类标准中,欧洲的汽车制造商基本上采用的都是高速通信的CAN总线标准ISO 11898。

2 汽车多媒体网络协议

汽车多媒体网络和协议分为三种类型,分别是低速、高速和无线,其传输速率为250 kbit/s~100 Mbit/s。

3 动力系统总线

动力系统利用网络将发动机舱内的电控单元连接起来,实现诸如车辆行驶、停车及转弯等功能,采用高速网络。动力与传动系统电控单元的固定位置比较集中,节点数量也有限制。

使用CAN总线,可以实现动力传动系统各控制单元间的高速数据通信,使每个控制单元可以获得整个动力传动系统的数据和工作状态,实现控制功能的优化控制。

4 舒适系统总线

舒适CAN总线连接五块控制单元,包括中央控制单元及四个车门的控制单元。舒适CAN总线传递有五个功能:中央门锁、电动窗、照明开关、后视镜加热及自诊断功能。控制单元的各条传输线以星状形成汇聚一点,这样做的好处是,如果一个控制单元发生故障,其他控制单元仍可发送各自的数据。

使用CAN系统使经过车门的导线数据减少,线路变得简单。如果线路中某处出现对地短路,对正极短路或线路间短路,CAN系统会立即转为应急模式运行或转为单线模式运行。四个车门控制单元都是由中央控制单元控制,只需较少的自诊断线。

二 汽车网络的基本类型

1 CAN总线网络

CAN是控制器局域网络(Controller Area Network)的简称。它是德国博世(Bosch)公司及几个半导体集成电路制造商开发出来的,起初是专门为汽车工业设计的,目的是为了节省接线的工作量,后来由于自身的特点被广泛地应用于各行各业。目前 CAN 已由 ISO TC22 技术委员会批准为国际标准,在现场总线中,它是唯一被国际标准化组织批准的现场总线。

各个 CAN 系统的所有控制单元都并联在 CAN 数据总线上。CAN 数据总线的两条导线分别称为 CAN-High(简称 CAN-H)和 CAN-Low(简称 CAN-L)线。两条缠绕在一起的导线称为双绞线,如图 1-3 所示。

图 1-3 双绞线示意图

控制单元之间的数据交换就是通过这两条导线来完成的,这些数据可能是发动机转速、油箱油面高度及车速等。

CAN 总线可采用双绞线、同轴电缆或光纤作为传输介质。它的直接通信距离最远可达 10km,通信速率最高达 1Mbit/s(通信距离为 40m 时),总线上可挂设备数主要取决于总线驱动电路,最多可达 110 个。

图 1-4 所示为 CAN 总线原理,根据双绞线两条导线线路电平的不同,分别被称为 CAN 高线和 CAN 低线两种;两线条上的电位是相反的,如果一条线的电压是高位,另一条线就是低位。在显性状态时,CAN-H 线上的电压值会升高一个预定值(对 CAN 驱动数据总线来说,这个值至少为 1V)。而 CAN-L 线上的电压值会降低一个同样值(对 CAN 驱动数据总线来说,这个值至少为 1V)。于是在 CAN 驱动数据总线上,CAN-H 线就处于激活状态,其电压不低于 3.5V(2.5V + 1V = 3.5V)。而 CAN-L 线上的电压值最多可降至 1.5V(2.5V - 1V = 1.5V)。这样,根据两条线上的电位差自动判读出显性(1)和隐性(0)状态,这样的方法被称为差分法。

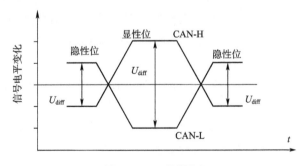

图 1-4 CAN 总线原理

❷ LIN 总线网络

LIN(Local Interconnect Network)总线是用于汽车分布式电控系统的一种新型低成本串行通信系统,它是一种基于 UART 的数据格式、主从结构的单线 12V 的总线通信系统,主要用于智能、传感器和执行器的串行通信。

LIN 采用低成本的单线连接,传输速度最高可达 20kbit/s,对于低端的大多数应用对象来说,这个速度是可以接受的,它的媒体访问采用单主、多从的机制,不需要进行仲裁。从节点中不需要晶体振荡器而能进行自同步,这极大地减少了硬件平台的成本。

如图 1-5 所示,在 LIN 数据总线系统内,有一个主节点,多个从节点(主控制单元)。主节点可以执行主任务(引起 LIN 网络通信),也可以执行从任务,总线上的信息传送由主节点控制。

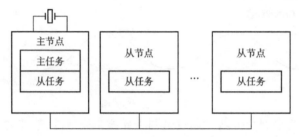

图 1-5　LIN 总线示意图

在车载网络中,LIN 处于低端,与 CAN 及其他 B 级或 C 级网络比较,它的传输速度低、结构简单、价格低廉;在汽车上,与这些网络是互补的关系。

❸ MOST 总线网络

多媒体定向系统传输(Media Oriented Systems Transport,MOST)为车辆中使用的一种多媒体应用通信技术。MOST 利用一根光纤,最多可以同时传送 15 个频道的 CD 质量的非压缩音频数据。在一个局域网上,最多可连接 64 个节点。

MOST 系统可连接汽车音响系统、视频导航系统、车载电视、高保真音频放大器、车载电话、多碟 CD 播放器等模块,其数据传输速率最高可达 22.5Mbit/s,而且没有电磁干扰。在车载多媒体影音娱乐系统中,海量的视频和音频数据是由 MOST 总线来传输的,而 CAN 总线只能用来传输控制信号。

MOST 总线系统采用环形拓扑结构。控制单元通过光导纤维沿环形方向将数据发送到下一个控制单元。这个过程一直在持续进行,直至首先发出数据的控制单元又接收到这些数据为止。可以通过数据总线自诊断接口和诊断 CAN 总线来对 MOST 系统进行故障诊断。MOST 系统举例如图 1-6 所示。

目前,德国宝马、奔驰、奥迪等高端车已大规模使用 MOST 构建汽车多媒体信息系统。AUDIA8 汽车的信息及娱乐多媒体系统如图 1-7 所示。

通过采用 MOST,不仅可以减少连接各部件线束的数量、降低噪声,而且可以减轻系统开发技术人员的负担,实现车上各种设备的集中控制。

三　常见车系汽车网络简介

❶ 大众车系总线网络介绍

大众车系使用的 CAN 总线系统划分为驱动系统、舒适系统、信息系统、仪表系统和诊断系统 5 部分,通过网关连接到一起,通过网关构成一个完整的汽车网络系统。

单元一　汽车网络系统常用术语与基本概念

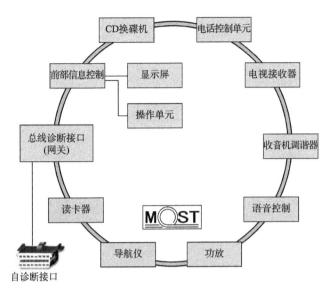

图 1-6　MOST 系统举例

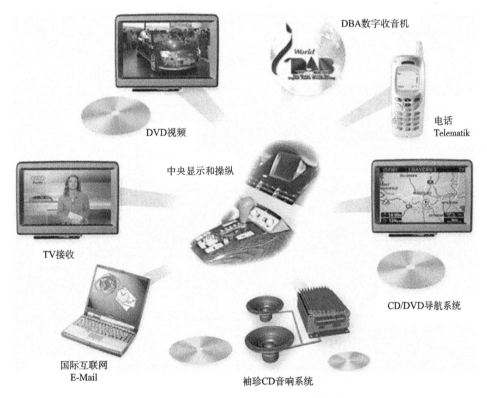

图 1-7　AUDIA8 汽车的信息及娱乐多媒体系统

在大众 CAN 动力系统总线上接有两个 120Ω 的阻抗匹配终端，如图 1-8 所示。
大众车系车载网络系统基本构成如图 1-9 所示。
大众新版桑塔纳轿车网络系统如图 1-10 所示。

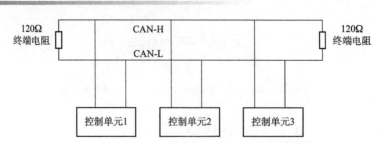

图 1-8　大众动力系统 CAN 总线的终端电阻

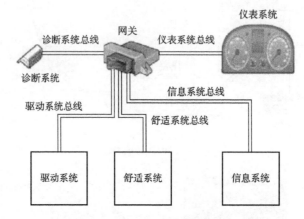

图 1-9　大众车系车载网络系统举例

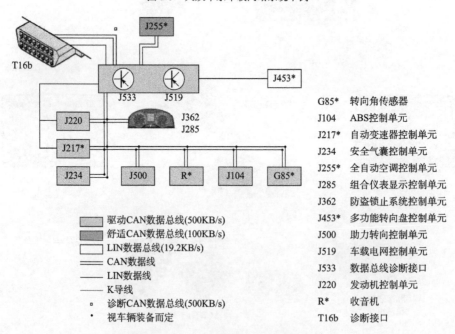

图 1-10　大众新版桑塔纳网络系统图

2 通用车系总线网络介绍

GMLAN（General Motors in Vehicle LocalArea Network）是美国通用汽车公司开发的用于 ECU、正常通信和诊断通信的车载网络通信标准，普遍应用于通用汽车公司生产的各种车型上。

美国通用汽车公司开发的车载网络系统包括高速 CAN 总线、底盘扩展总线、中速娱乐系统总线、低速 CAN 总线、LIN 总线、专用链接、车身控制模块（BCM）和数据通信接口（DLC）各个部分。其中车身控制模块（BCM）作为网关，连接各个系统。

以通用别克新君威汽车为例介绍如下。

（1）GMLAN 简介。GMLAN 系统如图 1-11 所示。

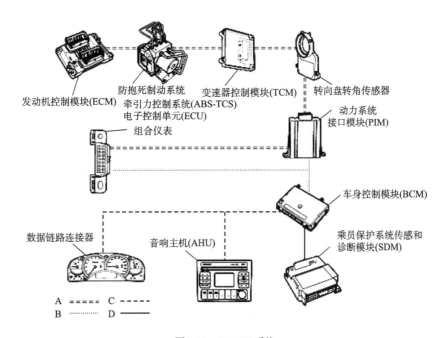

图 1-11 GMLAN 系统

GMLAN 网络通信原理如图 1-12 所示。

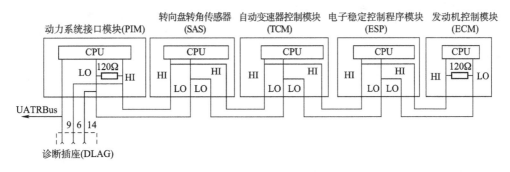

图 1-12 GMLAN 网络通信示意图

（2）串行数据通信描述。当通过串行数据总成从一个控制模块向另一控制模块发送信息时，所发送的信息即称为串行数据。从电子信号角度说，串行数据就是一系列由高到低迅速变化的电压脉冲串。一个电压脉冲串表示一条信息。

（3）通信电路说明。控制模块之间的通信通过高速 GMLAN 串行数据电路，底盘高速

GMLAN 串行数据电路,中速 GMLAN 串行数据电路和低速 GMLAN 串行数据电路执行。需要实时通信的模块连接至高速 GMLAN 网络和底盘高速 GMLAN 网路。车身控制模块(BCM)为网络间的网关。网关的作用是转发 GMLAN 高速总线和 GMLAN 低速总线之间的串行数据信息,网关按照网络传输协议与每个网络交互。

在维修手册中,对高速 GMLAN、中速 GMLAN 和低速 GMLAN 电路说明分别进行了简要的说明。

❸ 丰田车系总线网络介绍

日本丰田汽车公司将其汽车网络系统称为多路传输系统,主要有 CAN、BEAN 和 AVC-LAN 等几种网络结构。

由于 CAN、BEAN 和 AVC-LAN 等几种网络的通信协议不相同,所以网关的 CPU 承担了各协议之间的转换任务,保证数据交换的畅通。

丰田整个车载网络包含两个 CAN 接口,称为 CAN1 和 CAN2,用来连接不同的传感器和控制单元。

丰田卡罗拉 CAN 系统、LIN 系统、通信系统介绍见单元四"丰田汽车网络控制模块检测"章节。

单元小结

本单元简单介绍汽车网络控制系统的基本概念、种类、术语和特点,以及车载网络系统在常见车系中应用情况。汽车网络是将各个控制模块通过通信链路连接成为一个系统,在增加控制功能的同时降低制造成本。车载网络数据线上传递的信号可以被多个系统共享,从而最大限度地提高系统整体效率,充分利用有限的资源。

本单元为没有接触过网络知识的学习者提供一个入门基础概念,更多的知识学习可以借助互联网资源检索得到进一步的充实。

思考与练习

(一)填空题

1. CAN 总线属于(　　)传输模式。
  A. 单线   B. 双线   C. 三线   D. 都不是

2. LIN 总线属于(　　)传输模式。
  A. 单线   B. 双线   C. 三线   D. 都不是

3. MOST 总线属于(　　)传输模式。
  A. 单线   B. 双线   C. 三线   D. 都不是

4. A 类网络主要可以应用在:(　　)
  A. 电动车窗 B. 安全气囊 C. 发动机 D. 都不是

5. B 类网络主要可以应用在:(　　)
   A. 电动车窗　　　B. 安全气囊　　　C. 发动机　　　D. 都不是
6. C 类网络主要可以应用在(　　)。
   A. 电动车窗　　　B. 安全气囊　　　C. 发动机　　　D. 都不是
7. 动力 CAN 总线的工作电压为(　　)。
   A. 5V　　　　　B. 12V　　　　　C. 24V　　　　　D. 都不是
8. 舒适 CAN 总线的工作电压为(　　)。
   A. 5V　　　　　B. 12V　　　　　C. 24V　　　　　D. 都不是
9. LIN 总线的工作电压为(　　)。
   A. 5V　　　　　B. 12V　　　　　C. 24V　　　　　D. 都不是
10. 数据总线的传输速度通常用(　　)来表示。
    A. 比特率　　　　B. m/s　　　　　C. km/h　　　　D. 都不对

(二)判断题

1. CAN 是目前为止唯一有国际标准的现场总线。　　　　　　　　　　　(　　)
2. 单根总线只能单向发送信息,双绞线则可以双向发送信息。　　　　　(　　)
3. 汽车网络系统内部各单元之间的数据是通过总线进行传递的。　　　(　　)
4. 采用车载网络系统的目的就是为了降低制造成本。　　　　　　　　　(　　)
5. LIN 网络一般使用一根单独的光纤作为传输介质。　　　　　　　　　(　　)

(三)简答题

1. 大众车系的 CAN 总线分为哪几类？各适用于哪些系统？
2. 简述车载网络的分类。
3. 采用光纤进行数据传输有哪些特点？
4. LIN 总线在汽车上有哪些应用？

单元二　汽车网络系统技术资料的阅读基础

 学习目标

1. 了解汽车电路图绘制规则；
2. 了解汽车电路图中的相关符号；
3. 了解汽车维修手册的阅读方法；
4. 了解电控模块的安装位置查询；
5. 了解电控模块控制系统、供电系统和端口定义的查阅方法；
6. 了解汽车网络系统的基本波形。

 建议课时

8课时。

一　汽车维修手册的阅读

汽车维修手册是汽车制造企业伴随汽车产品的销售和售后服务而专门编制的一份技术文件，也是维修企业承担汽车维修业务的专业指导手册。

汽车维修手册是一份功能强大的技术说明书，在这份说明书中，涵盖了以下各个部分的信息说明。

①关于汽车各个系统的结构和位置的信息。
②关于机械和电器设备的安装信息。
③关于电气原理的描述信息。
④关于专用工具和检测方法的信息。
⑤关于电气结构和自诊断信息。
⑥关于零部件的结构信息。

⑦关于模块控制设置和功能设置信息。
⑧关于使用维护信息。

对于维修企业来说,这是一个维修过程的工艺要求和技术规范。

图 2-1 所示是 2013 款雪佛兰科鲁兹维修手册的样式。

图 2-1　2013 款雪佛兰科鲁兹维修手册样式

目前,上海通用汽车公司编写的维修手册都采用了 17 个章节的架构,总目录样式如图 2-2 所示。各个章节另外具有独立的子目录。

在序言部分,编者采用了"危险、警告和告诫"这样的词汇来对车辆维修过程中的各项操作提出规范化要求。这些内容必须认真地阅读并且严格的执行。

图 2-3 所示是汽车电气控制系统图的例子,这是一种工程语言。通过阅读,可以了解模块直接的相互关系、可以了解汽车各个系统的供电回路和搭铁位置,也可以了解电气系统之间的控制联系和逻辑关系,汽车电气故障的定位和信号检测,都依赖于电气原理图的查阅。

汽车故障码是汽车电控模块出现故障后,由汽车 ECU 自动生成的一组数字,不同的代码表示不同的故障、不同的制造商设计的故障码所表达的含义也不同。在雪佛兰科鲁兹汽车的维修手册中,关于故障码及含义的样式如图 2-4 所示。

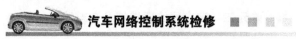

总 目 录

序言 ……………………………………… 1	9.1 巡航控制 ………………………………… 9 - 9
危险、警告和告诫 ……………………… 3	9.2 发动机控制和燃油系统 – 1.6 升
第1章　一般信息 …………………… 1 - 1	(LDE, LLU) 或 1.8 升 (2H0) ……… 9 - 23
1.1　一般信息 …………………………… 1 - 3	9.3 发动机冷却系统 …………………… 9 - 295
1.2　空气/风噪声 ……………………… 1 - 19	9.4 发动机电气系统 …………………… 9 - 365
1.3　保养和润滑 ……………………… 1 - 23	9.5 发动机废气 ………………………… 9 - 425
1.4　吱吱声和咔嗒声 ………………… 1 - 25	9.6 发动机机械系统 – 1.6 升 (LDE, LLU)
1.5　振动诊断和校正 ………………… 1 - 29	或 1.8 (2H0) ………………………… 9 - 451
1.6　漏水 ……………………………… 1 - 69	第10章　发动机 ……………………… 10 - 1
第2章　车身金属构件和装饰件 ……… 2 - 1	10.1 暖风、通风与空调系统 ……………… 10 - 3
2.1　外饰 ………………………………… 2 - 3	10.2 暖风、通风与空调系统 – 自动 …… 10 - 51
2.2　地板覆盖件和车顶内衬 ………… 2 - 27	10.3 暖风、通风与空调系统 – 手动 … 10 - 109
2.3　仪表板和控制台装饰件 ………… 2 - 33	第11章　电源和信号分布 …………… 11 - 1
2.4　内饰和板件 ……………………… 2 - 63	11.1 数据通信 ……………………………… 11 - 5
第3章　车身修理 …………………… 3 - 1	11.2 电源插座 …………………………… 11 - 69
3.1　螺栓固定的车身外板和隔板 ……… 3 - 3	11.3 接线系统和电源管理 ……………… 11 - 77
3.2　保险杠和蒙皮 …………………… 3 - 55	第12章　车顶 ………………………… 12 - 1
3.3　碰撞修理 ………………………… 3 - 79	12.1 天窗 ………………………………… 12 - 3
3.4　车架和车身底部 ………………… 3 - 155	第13章　安全和防护 ………………… 13 - 1
3.5　油漆和涂层 ……………………… 3 - 169	13.1 安全防盗系统 ………………………… 13 - 3
3.6　油漆和涂层 ……………………… 3 - 177	13.2 物体检测 …………………………… 13 - 33
第4章　车身修理 …………………… 4 - 1	13.3 遥控功能 …………………………… 13 - 49
4.1　固定和活动车窗 …………………… 4 - 5	13.4 安全带 ……………………………… 13 - 53
4.2　喇叭 ……………………………… 4 - 59	13.5 辅助充气式约束系统 ……………… 13 - 111
4.3　照明 ……………………………… 4 - 69	13.6 防盗系统 ………………………… 13 - 175
4.4　视镜 ……………………………… 4 - 175	第14章　座椅 ………………………… 14 - 1
4.5　车辆进入系统 …………………… 4 - 191	14.1 电动座椅 …………………………… 14 - 3
4.6　刮水器和洗涤器 ………………… 4 - 259	14.2 座椅金属构件、装饰件和蒙皮 …… 14 - 13
第5章　制动器 ……………………… 5 - 1	14.3 座椅的加热和冷却 ………………… 14 - 47
5.1　防抱死制动系统 …………………… 5 - 5	第15章　转向系统 …………………… 15 - 1
5.2　盘式制动器 ……………………… 5 - 43	15.1 动力转向 ……………………………… 15 - 3
5.3　鼓式制动器 ……………………… 5 - 89	15.2 方向盘和转向柱 …………………… 15 - 33
5.4　液压制动器 ……………………… 5 - 105	第16章　悬架系统 …………………… 16 - 1
5.5　驻车制动器 ……………………… 5 - 177	16.1 前悬架 ………………………………… 16 - 3
第6章　诊断概述 …………………… 6 - 1	16.2 后悬架 ……………………………… 16 - 31
6.1　编程和设置 ………………………… 6 - 6	16.3 悬架系统一般诊断 ………………… 16 - 69
6.2　车辆诊断信息 …………………… 6 - 15	16.4 轮胎和车轮 ………………………… 16 - 77
第7章　传动系统/车桥 ……………… 7 - 1	16.5 车轮定位 …………………………… 16 - 87
7.1　车辆驱动轴 ………………………… 7 - 3	第17章　变速器 ……………………… 17 - 1
第8章　驾驶员信息和娱乐系统 ……… 8 - 1	17.1 自动变速器 – 6T30 ………………… 17 - 7
8.1　移动电话、娱乐系统和导航系统 … 8 - 3	17.2 离合器 …………………………… 17 - 383
8.2　显示屏和量表 …………………… 8 - 85	17.3 手动变速器 – D16 ……………… 17 - 411
8.3　辅助和可配置用户控制系统 …… 8 - 119	17.4 手动变速器 – M32 ……………… 17 - 539
第9章　发动机 ……………………… 9 - 1	17.5 换挡镇定控制系统 ……………… 17 - 591

图 2-2　2013 款雪佛兰科鲁兹维修手册目录样式

单元二 汽车网络系统技术资料的阅读基础

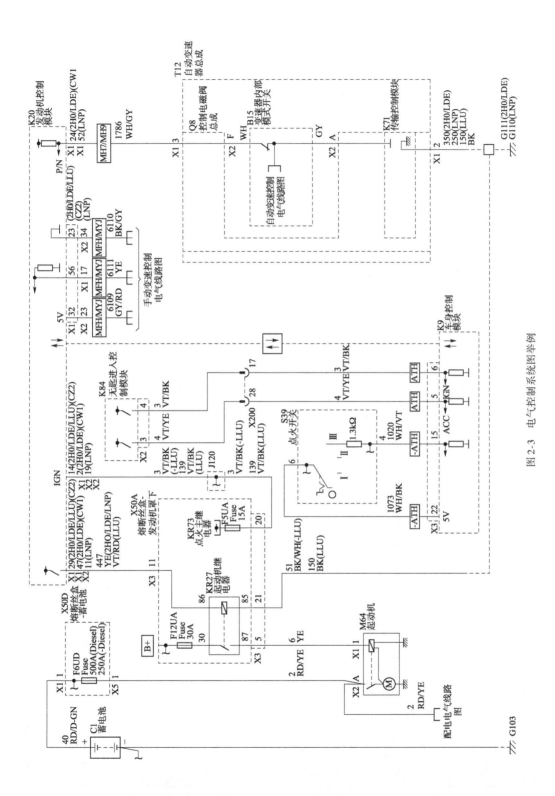

图 2-3 电气控制系统图举例

11-16 数据通信　　　　　　　　　　　　　　　　　　　电源和信号分布

11.1.2 诊断信息和程序

11.1.2.1 控制模块 U 代码列表

这个列表包括适用于所有装置的与 U 代码故障诊断码　列并加以说明。并非所有故障诊断码适用于所有车辆。有关的"数据通信",这些 U 代码故障诊断码以字母顺序排　症状字节信息参见"症状字节列表"。

控制模块 U 代码列表

DTC	故障诊断码说明
U0001	高速 CAN 总线故障
U0002	高速 CAN 总线
U0020	低速 CAN 总线
U0028	MOST 总线
U0029	MOST 总线性能
U0073	控制模块通信总线 A 断开
U0074	控制模块通信总线 B 断开
U0075	控制模块通信物体检测 CAN 总线断开
U0077	控制模块通信底盘扩展 CAN 总线断开
U0078	控制模块通信低速 CAN 总线断开
U007A	控制模块通信高压能量管理 CAN 总线断开
U0100	与发动机控制模块失去通信
U0101	与变速器控制模块失去通信
U0102	与分动箱控制模块失去通信
U0104	与巡航控制模块失去通信
U0105	与喷油器控制模块失去通信
U0109	与燃油泵控制模块失去通信
U010F	与空调控制模块失去通信
U0111	与蓄电池能量控制模块失去通信
U0112	与蓄电池能量控制模块失去通信
U0115	与发动机控制模块 2 失去通信
U0117	与助力器控制模块失去通信
U0121	与电子制动控制模块失去通信
U0122	与车辆稳定性控制模块失去通信
U0125	与多轴加速度传感器模块失去通信
U0126	与转向盘转角传感器模块失去通信
U0128	与驻车制动控制模块失去通信
U0129	与制动系统控制模块失去通信
U0130	与电子动力转向系统控制模块失去通信
U0131	与动力转向系统控制模块失去通信
U0132	与悬架控制模块失去通信
U0133	与空气悬架控制模块失去通信
U0136	与后差速器控制模块失去通信
U0137	与撞车制动器控制模块失去通信
U0139	与悬架控制模块失去通信
U0140	与车身控制模块失去通信

图 2-4 维修手册中故障代码及诊断流程摘录

汽车的故障码需要借助专用的仪器设备——解码仪来读取。维修手册中针对不同的故障码都提供了相应的检修程序，所以通过专用诊断仪读取故障码（DTC）之后，可以从手册中找到下一步的继续操作规范流程。

标准的维修手册中，按照不同的功能区，向维修人员提供多样化的信息。图2-5样式中提供的是主要电气部件的代码信息、名称信息、安装信息和端子信息，这些都是维修中不可缺少的关键信息。有了这些信息，可以很容易地知道，在什么位置、哪个模块、什么针脚上，能够检测到什么样的信号。

维修手册中提供的线束布线图和分区策略图，能为检修过程带来很大的便利，如图2-6和图2-7中所示。图中每根线束都有规定的编号规则，通过分区策略图的识读，可以快速发现线束的所在区域。从线束布线图上，则可以发现线束的具体走向。

模块、线束、针脚的定位，将电气原理图和汽车的实体部件联系成为一体，建立起一一对应的关系。2013款科鲁兹发动机控制模块的针脚图样式如图2-8所示。

维修手册中还说明了在排故过程中所涉及的各种检测方法和步骤，细化到每一步。这就是一种维修技术的操作规范或者工艺流程，维修人员必须参照执行。样式如图2-9所示。

作为汽车新技术的车载网络系统，维修手册中特别加入了对系统的相关介绍内容。

因此，维修手册在汽车维修过程中，既具有指导作用也有约束作用。

二 汽车电路图的识读基础

随着汽车工业的发展，现代汽车电气设备日益增多，汽车电路也日趋复杂。要修好汽车电气设备必须读懂和掌握汽车电路图。

汽车电路图是汽车制造和维修过程中的工程语言，是利用图形符号和文字符号，表示汽车电路构成、连接关系和工作原理，而不考虑其实际安装位置的一种简图。

汽车电路图是汽车维修人员必备的基本资料，快速、准确地识读各种电路图，是快速、准确地判断汽车故障点和排除故障的关键。

由于不同国家、不同品牌的汽车电路设计各有自己的特点，所以电路图的图形符号和标注方法往往差异较大，这样就使得汽车维修人员在实际读图过程中感到困难。但是，只要掌握了汽车电路图的识读规范，了解或者学会查阅常见车系的电路特点、电路图图形符号和电路图的识读范例，就能掌握汽车各电气系统电路图的识读方法及技巧，学会电路故障的检查方法。

（一）汽车电路图的种类和识读电路图的基础

汽车电路图常见的表达方式有布线图、原理图和线束图3种。

1 布线图

布线图是按照汽车电器在车身上的大体位置来进行布线的。

其特点是：全车的电器（即电气设备）数量明显且准确，导线的走向清楚，有始有终，便于循线跟踪，查找起来比较方便。它按线束编制将导线分配到各条线束中去与各个插件的位置严格对应。在各开关附近用表格法表示了开关的接线与挡位控制关系，表示了熔断器与导线的连接关系，表明了导线的颜色与横截面积。

电源和信号分布　　　　　　　　　接线系统和电源管理　11-161

11.3.3 部件定位图
11.3.3.1 主要电气部件列表

主要电气部件列表

代码	名称	选装件	位置	定位图	连接器端视图
A3L	遮阳板-左侧	—	乘客舱内,车顶内衬的左前角处	车顶内衬部件	A3L 遮阳板-左侧
A3R	遮阳板-右侧	—	乘客舱内,车顶内衬的右前角处	车顶内衬部件	A3R 遮阳板-右侧
A7	燃油泵和油位传感器总成	—	燃油箱内	燃油箱部件	A7 燃油泵和油位传感器总成
A9A	车外后视镜-驾驶员侧	DWF	位于驾驶员车门外	驾驶员车门部件	A9A 外后视镜-驾驶员侧
A9B	车外后视镜-乘客侧	DWF	位于乘客车门外	乘客车门部件	A9B 外后视镜-乘客侧
A10	内部后视镜	DD8	乘客舱内,风窗玻璃中央上方	车顶内衬部件	A10 车内后视镜（DD8）
A11	收音机	—	乘客舱内,仪表板中央,收音机控制装置后面	仪表板后方部件	A11 收音机×1
A22	收音机控制	—	乘客舱内,仪表板中央	仪表板和中央控制台部件	A22 收音机控制装置
A23D	驾驶员车门锁闩总成	—	乘客舱内,驾驶员车门后部	驾驶员车门部件	A23D 驾驶员车门锁闩总成
A23LR	左后车门锁闩总成	—	乘客舱内,左后车门后部	左后车门部件	A23LR 左后车门锁闩总成
A23P	乘客车门锁闩总成	—	乘客舱内,乘客车门后部	乘客车门部件	A23P 乘客车门锁闩总成
A23RR	右后车门锁闩总成	—	乘客舱内,右后车门后部	右后车门部件	A23RR 右后车门锁闩总成
A24D	车门把手总成-驾驶员车门外部	—	位于驾驶员车门外	—	A24D 车门把手总成-驾驶员侧外部
A24P	车门把手总成-乘客车门外部	—	位于乘客车门外	—	A24D 车门把手总成-乘客车门外部
A26	暖风、通风与空调系统控制开关总成	—	乘客舱内,仪表板中央	仪表板和中央控制台部件	A26 HVAC 控制装置
B1	空调制冷剂压力传感器	—	发动机舱前部,风扇总成右侧	发动机前部部件	B1 空调制冷剂压力传感器
B5LF	轮速传感器-左前	—	左前轮毂内	车底部件	B5LF 轮速传感器-左前
B5LR	轮速传感器-左后	—	左后轮毂内	车底部件	B5LR 轮速传感器-左后
B5RF	轮速传感器-右前	—	右前轮毂内	车底部件	B5RF 轮速传感器-右前
B5RR	轮速传感器-右后	—	右后轮毂内	车底部件	B5RR 轮速传感器-右后
B7A	内部空气温度传感器	C68	暖风、通风和空调系统总成内	内部暖风、通风和空调系统部件	B7A 内部空气温度传感器（C68）
B9	环境空气温度传感器	—	车辆左前侧,保险杠蒙皮上	车辆前部部件	B9 环境空气温度传感器
B108	环境光照/日照传感器	—	乘客舱内,仪表板顶部中央,除霜器挡板内	仪表板和中央控制台部件	B108 环境光照/日照传感器

图 2-5　2013 款科鲁兹部件定位图样式

11-118 接线系统和电源管理　　　　　　　　　　　　　　　　　　　电源和信号分布

11.3.2.3 车辆分区策略

所有搭铁、直列式连接器、穿线护环和接头都有相应的识别编号，与其在车辆上的位置相对应。下表对编号系统进行了说明。

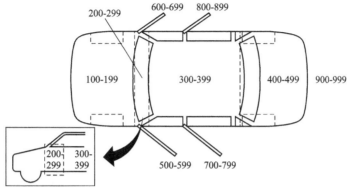

车辆分区策略

插图编号	区位说明	插图编号	区位说明
100-199	发动机舱-前围板的所有前部区域 注意事项:001-099 是发动机舱备用编号-仅在 100-199 的所有编号已用完时才使用	500-599	左前门内
		600-699	右前门内
		700-799	左后门内
200-299	仪表板区域内	800-899	右后门内
300-399	乘客舱-从仪表板到后轮罩	900-999	行李舱盖或舱盖内
400-499	行李舱-从后轮罩到车辆后部		

图 2-6　维修手册中的分区策略图

11-78 接线系统和电源管理　　　　　　　　　　　　　　　　　　　电源和信号分布

11.3.2 示意图和布线图
11.3.2.1 线束布线图

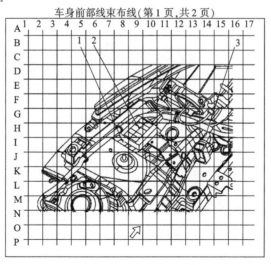

图标
(1) X50A 熔断丝盒-发动机罩下　　　(3) X100 车身线束和车身前部线束
(2) X50A 熔断丝盒-发动机罩下 X1

图 2-7　2013 款科鲁兹线束布线图样式

电源和信号分布 接线系统和电源管理

K20 发动机控制模块 X1(2HO 或 LDE)(续)

针脚	导线	电路	功能
55	0.5 紫罗兰色/黑色	5273	排气凸轮轴位置传感器(1)
56	0.5 紫罗兰色/黑色	6358	轮速信号(MFH)
57	0.5 黑色/灰色	873	低电平参考电压
58	0.5 白色/深蓝色	6311	巡航/电子节气门控制/变矩器离合器制动信号
59-60	—	—	未使用

K20 发动机控制模块 X1(LLU)

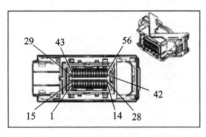

连接器零件信息
  线束类型:发动机
  OEM 连接器:19167430
  维修件连接器:13581098
  说明:56 路插座连接器,BK(黑色)

端子零件信息
  端子/托架:待定
  芯线/绝缘层压接:待定
  拆卸工具/测试探针:待定

K20 发动机控制模块 X1(LLU)

针脚	导线	电路	功能
1	0.5 棕色/白色	6320	故障指示灯请求收入信号
2	0.5 深绿色/灰色	465	燃油泵主继电器控制
3	0.75 紫罗兰色/深蓝色	5290	动力传动系统主继电器熔断丝电源(1)
4	0.5 白色/灰色	459	空调压缩机离合器继电器控制

K20 发动机控制模块 X1(LLU)(续)

针脚	导线	电路	功能
5	0.5 棕色/红色	1164	加速踏板位置 5V 参考电压(1)
6	0.75 深绿色	3060	涡轮旁通电磁调控制列(1)
7-8	—	—	未使用
9	0.5 黑色/黄色	6014	气压传感器低电平参考电压
10	0.5 深蓝色	2500	高速 GMLAN 串行数据(+)(1)
11	0.5 白色	2501	高速 GMLAN 串行数据(-)(1)
12	0.75 红色/白色	140	蓄电池正极电压
13	—	—	未使用
14	0.75 紫罗兰色/深蓝色	139	运行/起动点火 1 电压
15	0.5 棕色/黄色	473	高速冷却风扇继电器控制
16	0.5 黄色	5991	动力总成继电器线圈控制
17-18	—	—	未使用
19	0.5 棕色/红色	1274	加速踏板位置 5V 参考电压(2)
20	0.5 黑色/紫罗兰色	1271	加速踏板位置低电平参考电压(1)
21	0.5 黑色/紫罗兰色	1272	加速踏板位置低电平参考电压(2)
22	—	—	未使用
23	0.5 黑色/灰色	6110	离合器接合传感器低电平参考电压
24	0.75 黑色/紫罗兰色	2760	进气温度传感器低电平参考电压
25	0.5 白色/深蓝色	6311	巡航/电子节气门控制/变矩器离合器制动信号
26-27	—	—	未使用
28	0.5 深绿色/红色	5007	倒挡开关信号
29	0.5 紫罗兰色/红色	447	起动机继电器线圈控制
30-31	—	—	未使用
32	0.5 灰色/红色	6109	离合器接合传感器参考电压
33	0.5 棕色/红色	2700	空调压力感传 5V 参考电压
34	0.5 棕色/红色	5639	涡轮增压压力传感器 5V 参考电压

图 2-8 2013 款科鲁兹发动机控制模块针脚图样式

单元二 汽车网络系统技术资料的阅读基础

电源和信号分布　　　　　　　　接线系统和电源管理　11-447

EL 35616-20F 带熔断丝的跨接线上的香蕉插头座连接器能适配大多数连接器并且不会对它们造成损坏。这种带熔断丝的跨接线配有 20A 的熔断丝,这对某些电路来说可能不适合。所有熔断丝的额定电流不能超过被测电路本身的熔断丝的额定电流。

11.3.4.24　测量电压
专用工具
EL-39200 数字式万用表(DMM)
关于当地同等工具,参见'专用工具'。
告诫:参见"测试探针告诫"。
以下程序用来测量电路中选定点上的电压。
1. 必要时,断开被测电路上的电气线束连接器。
2. 启用被测电路和/或系统。启用方法如下:
 - 在发动机关闭的情况下,将点火开关置于 ON(打开)位置。
 - 起动发动机。
 - 利用故障诊断仪的"输出控制"功能来接通电路和/或系统。
 - 打开被测电路和/或系统的开关。
3. 在数字式万用表(DMM)上,选择 V(AC)(交流电压)或 V(DC)(直流电压)挡。
4. 将数字式万用表正极引线连接到电路待测点上。
5. 将数字式万用表负极引线连接到良好搭铁上。
6. 数字式万用表将显示在该点上的电压测量值。

11.3.4.25　测量电压降
专用工具
EL-39200 数字式万用表(DMM)
关于当地同等工具,参见"专用工具"。
告诫:参见"测试探针告诫"。
以下程序用来确定 2 点之间的电压差。

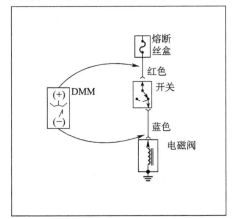

1. 将数字式万用表(DMM)设置在 V(DC)(直流电压)位置。
2. 将数字式万用表正极引线连接到一个电路待测

点上。
3. 将数字式万用表负极引线连接到另一个电路待测点上。
4. 使电路通电。
5. 数字式万用表将显示 2 点之间的电压差。

11.3.4.26　测量频率
专用工具
EL-39200 数字式万用表(DMM)
关于当地同等工具,参见"专用工具"。
告诫:参见"测试探针告诫"。
以下程序可确定信号的频率。
注意:在按下 Hz(赫兹)按钮前,将数字式万用表(DMM)连接到电路上,可使数字式万用表自动选择合适的量程。
1. 使电路通电。
2. 将数字式万用表设置在 V(AC)(交流电压)位置。
3. 将数字式万用表正级引线连接到待测电路上。
4. 将数字式万用表负级引线连接到良好搭铁上。
5. 将数字式万用表设置到 Hz(赫兹)。
6. 数字式万用表将显示频率的测量值。

11.3.4.27　检测搭铁和低电平参考电压电路
由于一个测试灯在搭铁或低电平参考电路中最高电阻可以达到 200Ω,因此不建议使用于此类测试。低阻抗测试灯能够在电阻为 20～30Ω 时亮起并指示电路正常,而高阻抗测试灯则可以在电路电阻高达 200Ω 时亮起。这就是为什么使用数字式万用表(DMM)来确认搭铁或低电平参考电路是否正常导通的原因。
使用数字式万用表时,有很多车辆条件可能影响搭铁和低电平参考电压的导通性测试。如果没有满足这些条件,则良好电路上的搭铁或低电平参考测试可能失败。这可能导致诊断时间行长以及不正确的部件更换。
测试时,任何电流流经搭铁或低电平参考电路,将导致数字式万用表导通读数偏差,或者显示出比没有电流流经时更高的读数。进行搭铁或低电平参才电路导通性测试时,和其他任何搭铁参考点相比,在车辆蓄电池负极端子处良好搭铁或低电平参考电路测试失败的可能性最高。最佳搭铁测试点应该是控制模块壳体(如果控制模块是金属壳体并且搭铁)、门柱锁扣(如果与金属连接)、仪表板金属框架下方、发动机汽缸体或车身搭铁双头螺柱(蓄电池负极电缆连接处以外的位置)。
点火开关置于 ON(打开)位置时,典型数字式万用表搭铁或低电平参考电压电路导通性读数可高达 100Ω,点开关置于 OF(关闭)位置后,该读数可降至 15～25Ω。30～40s 后读数降至 10Ω 以下,60s 后降至 5Ω 以下。一旦车辆完全进入状态(一般 3～10min),读数会降至 0.3Ω 以下。
需要满足下列条件,以确保搭铁或低电平参考电路的导通性读数有效。
 - 将点火开关置于"OFF(关闭)"位置

图 2-9　维修手册中检测工具使用方法摘录

2 原理图

汽车电路原理图重点表达各电气系统电路的工作原理,既可以是全车电路图,也可以是各系统电路原理图。整车电路图对全车电路有完整的概念,它既是一幅完整的全车电路图,又是一幅互相联系的局部电路图。在实用中常见的就是汽车电路原理图。

在原理图中,用简明的图形符号按电路原理将每个电器与电子控制系统合理连接,再将每个系统按一定顺序进行排列(系统包括:电源系统、起动系统、点火系统、照明系统、仪表系统、电子控制系统等)。如果不了解各种图形符号及含义,就无法识别电路图。

原理图以表达汽车电路的工作原理和相互连接控制关系为重点,不讲究电气设备的形状、位置和导线的实际走向等情况,对线路图作了高度的简化,使电路原理变得简明扼要、准确清晰,对于了解汽车电气设备的工作原理和迅速分析排除电气系统的故障十分有利。它是分析电气系统工作原理以及维修电气系统的最基本、最实用的资料,通常所说的"识读汽车电路图"主要就是针对此类电路图,这也是汽车检测维修等技术人员需要着力掌握的地方。

3 线束图

整车电路线束图常用于汽车厂总装线和修理厂的连接、检修与配线。线束图主要表明导线束各用电器的连接部位、接线柱的标记、线头、插接器(连接器)的形状及位置等,它是人们在汽车上能够实际接触到的汽车电路图。这种图一般不详细描绘线束内部的导线走向,只将露在线束外面的线头与插接器详细编号或用字母标记。它是一种突出装配记号的电路表现形式,非常便于安装、配线、检测与维修。

4 常用汽车电路的接线规律

汽车线路一般采用单线制、用电设备并联、负极搭铁、线路有颜色和编号加以区分,并以点火开关为中心将全车电路分成几条主干线,即:蓄电池电源线(30号线)、附件电源线(Acc线)、钥匙开关电源线(15号线)。

(1)蓄电池电源线(B线或30号线)。从蓄电池正极引出直通熔断器盒,也有汽车的蓄电池电源线接到起动机电源线接线柱上,再从那里引出较细的电源线。

(2)点火、仪表、指示灯电源线(IG线或15号线)。点火开关在ON(工作)和ST(起动)挡才有电的电线,必须有汽车钥匙才能接通点火系统、预充磁、仪表系统、指示灯、信号系、电子控制系重要电路。

(3)专用线(Acc线或15A线)。用于发动机不工作时需要接入的电器,如收放机、点烟器等。点火开关单独设置一挡予以供电,但发动机运行时收音机等仍需接入与点火仪表指示灯等同时工作,所以点火开关触刀与触点的接触结构要作特殊设计。

(4)起动控制线(ST线或50号线)。起动机主电路的控制开关(触盘)常用磁力开关来通断。磁力开关的吸引线圈、保持线圈可以由点火开关的起动挡控制。

(5)搭铁线(搭铁线或31号线)。汽车电路中,以元件和机体(车架)金属部分作为一根公共导线的接线方法称为单线制,将机体与电器相接的部位称为搭铁。

要看懂汽车电路图,首先要具备一定的电工和电子学基础知识,熟悉汽车电器与电子设备的结构原理,了解我国规定的以及进口车型采用的汽车电路图所用图形符号,包括导线、端子和导线的连接、触点与开关、电器元件、仪表、传感器、电气设备和一些限定符号的意义和汽车电气线路一般的结构特点。

(二)识读汽车电路图的基本方法

❶ 对图注的识读

图注是说明该汽车所有电气设备的名称及其数码代号,通过读图注可以初步了解该汽车都装配了哪些电气设备。然后通过电气设备的数码代号在电路图中找出该电气设备,再进一步找出相互连线、控制关系。这样就可以了解绝大部分电路的特点和构成。

❷ 对电气图形符号的识读

汽车电路图是利用电气图形符号来表示其构成和工作原理的。因此,必须牢记电气图形符号的含义才能看懂电路图。特别是对于电气图形符号的识读,还可以对区分功能原理图的识读提供帮助(在阅读外来资料时)。

❸ 熟记电路标记符号

为了便于绘制和识读汽车电气电路图,有些电气装置的接线柱都赋予不同的标志代号。接至电源端接线柱用 B 表示,接至点火开关的接线柱用 SW 表示,接至起动机的接线柱用 S 表示,接至各种灯具的接线柱用 L 表示,发电机中性点接线柱用 N 表示,励磁电压输出端接线柱用 D+ 表示。

❹ 分清不同的回路

任何一个完整的电路都是由电源、熔断器、开关、用电设备、导线等组成。电流流向必须从电源正极出发,经过熔断器、开关、导线等到达用电设备;再经过导线(或搭铁)回到电源负极,才能构成回路。

❺ 搭铁极性与位置区分

我国国家标准规定了汽车电气电路为负极搭铁(世界汽车制造也规定负极搭铁)。我国以前曾用过正极搭铁,故只有很旧的车型才是正极搭铁。

❻ 化整为零阅读

先看全车电路图,根据电路图上的电气图形符号及文字符号,首先对全车电气设备的概况作全面的了解,然后在全车电路图中把各局部电路一一框划出来。

❼ 控制开关在电路中的功能

当开关接线柱较多时,首先抓住从电源来的一两个接线柱,再逐个分析与其他各接线柱相连的用电设备处于何种挡位,从而找出控制关系。对于组合开关,在线路图中是画在一起的,而在电路图中又按其功能画在各自的局部电路中,遇到这种情况必须仔细研究识读。

8 控制开关、继电器的默认状态

在电路图中,各种开关、继电器都是按初始状态画出的。如按钮未按下,开关未接通;继电器线圈未通电,其触点未闭合(动合触点)或未打开(动断触点),这种状态称原始状态。

(三)汽车电路中的基础元件符号和绘制规则

1 电路中基础元件符号

在汽车电路原理图中,各电器元件均采用图形符号表示,从用电器入手,很容易把与之相关的控制器件查找出来。

在电路原理图中,一般要对导线的线径、颜色甚至所属的电气系统做出标注。

线径一般用数字表示,数字大小代表导线的横截面积。导线颜色一般用字母做代码。

2 汽车电路图的绘制规则

目前,常用的几种典型风格的电路图包括以下几种。

(1)横坐标式电路图。该模式的电路图在最下端通过编号坐标来标注图中各线路的位置,各线路纵向平行排列,每条线路对准下框线上的一个编号。图中一般不允许横向交叉跨度较大的走线,横向连接的走线采用"断口标注方式"表示,即线路断口处标注为与之相连的另一段线路所在图中的位置编号。这样的绘制电路图方法主要以德国大众车系为主,目前主要国产品牌轿车如桑塔纳、捷达、宝来、波罗、帕萨特、奇瑞、奥迪、红旗等均采用该方式的电路图。

(2)横纵坐标式电路图。该模式的电路图采用横纵坐标来确定电器在电路图中的位置,如奔驰汽车采用了数字做横坐标、字母做纵坐标给电路进行定位。

(3)无标模块式电路图。采用此方式绘图的汽车公司较多,如通用别克、本田、东风雪铁龙、富康、丰田、福特、宝马、三菱等。但各公司的具体电路表达方式和图形符号各有不同,读图时需参照相关电路图和图形符号列表进行。

(4)米切尔电路图。该维修资料向用户提供世界上绝大多数的汽车产品的技术图样,现已成为中国地区汽车维修的一种主要资料。

图 2-10 所示为"横坐标式电路图示例",电路图在最下端通过编号坐标标注图中各线路的位置,各线路平行排列,每条线路对准下框线上的一个编号。横向连接的走线采用断口标注的方式表示,即线路断口处标注为与之相连的另一段线路所在图中的位置编号。

图 2-11 所示为"无标模块式电路图",图中的电路图没有坐标显示,读图时需参照相关电路图和图形符号列表进行。目前,采用此方式绘图的汽车制造公司较多,如通用别克、本田、东风雪铁龙、丰田、福特、宝马、三菱等。

图 2-12 所示为大众汽车电气布置图样例,从中可以看出各线束的走向。

借助以上不同形式的电气布置图的查阅,在控制模块信号和诊断过程中可以快捷地达到工作目的。

单元二　汽车网络系统技术资料的阅读基础

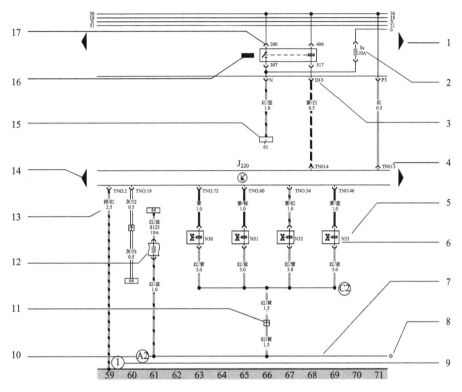

图 2-10　横坐标式电路图示例

标注说明：1-三角箭头，表示下接下一页电路图；2-熔断丝代号，图中 S5 表示该熔断丝位于熔断丝座第 5 号位，10A；3-继电器板上插头连接代号，表示多针或单针插头连接和导线的位置，例如 D13 表示多针插头连接，D 位置触点 13；4-接线端子代号，表示电器元件上接线端子数/多针插头连接触点号码；5-元件代号，在电路图下方可以查到元件的名称；6-元件的符号，可参见电路图符号说明；7-内部接线（细实线），该接线并不是作为导线设置的，而是表示元件或导线束内部的电路；8-指示内部接线的去向，字母表示内部接线在下一页电路图中与标有相同字母的内部接线相连；9-搭铁点的代号，在电路图下方可查到该代号搭铁点在汽车上的位置；10-线束内连接线的代号，在电路图下方可查到该不可拆式连接位于哪个导线束内；11-插头连接，例如 T8A/6 表示 8 针 A 插头触点 6；12-附加熔断丝符号，例如 S123 表示在中央电器附加继电器板上第 23 号位熔断丝，10A；13-导线截面积（mm²）和颜色；14-三角箭头，表示上接上一页电路图；15-指示导线的延续，框内的数字指示导线延续到另一个相同编号的位置；16-继电器位置编号，在继电器板上；17-元件上插头的代号，表示该插头的编号、触点数和所连接的触点号

（四）上海别克君威汽车电路图的识读举例

通用车系的电路图往往不单独绘制，而是在维修手册中按照 17 个模块的分类进行绘制。上海别克君威汽车电路图以无坐标模块方式进行绘制，主要包括"车身控制系统示意图"、"搭铁分布示意图"、"数据通信 GMLAN"、"电源分布示意图"、"电源模式示意图"等。

识读过程中，首先应该阅读维修手册中提供的"电气符号示意图"以及"控制模块参考表"，熟悉相关的表达方式，以提高阅读的效率。

通用车系的电路图通常分为三类。

(1) 电源分布示意图（熔断丝盒）样例，如图 2-13 所示。

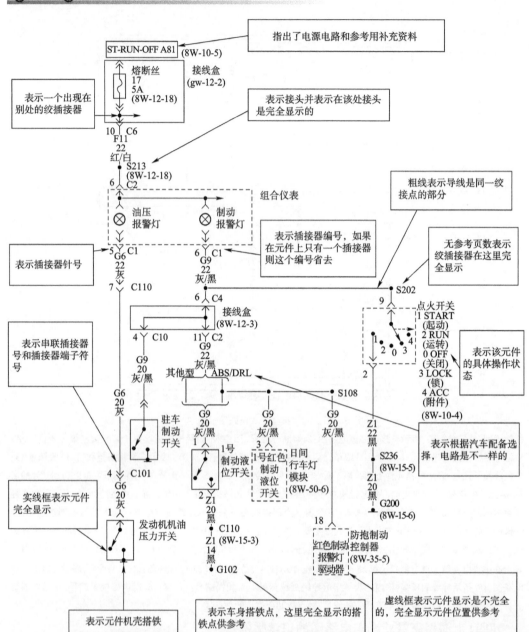

图 2-11　无标模块式电路

（2）系统电路举例如图 2-14 所示。

在现代汽车总线控制模块的检测与维修中,数据链路是一个非常重要的部分。控制模块之间的通信通过高速 GMLAN,底盘高速 GMLAN,中速 GMLAN 和低速 GMLAN 串行数据电路执行。车身控制模块（BCM）为网络间的网关。网关的作用是转发 GMLAN 高速总线和 GMLAN 低速总线之间的串行数据信息。

在对数据通信系统的原理图进行阅读之前,首先需要对全车的数据链路有一个整体的了解,这是现代汽车维修特征中的重要内容。

单元二 汽车网络系统技术资料的阅读基础

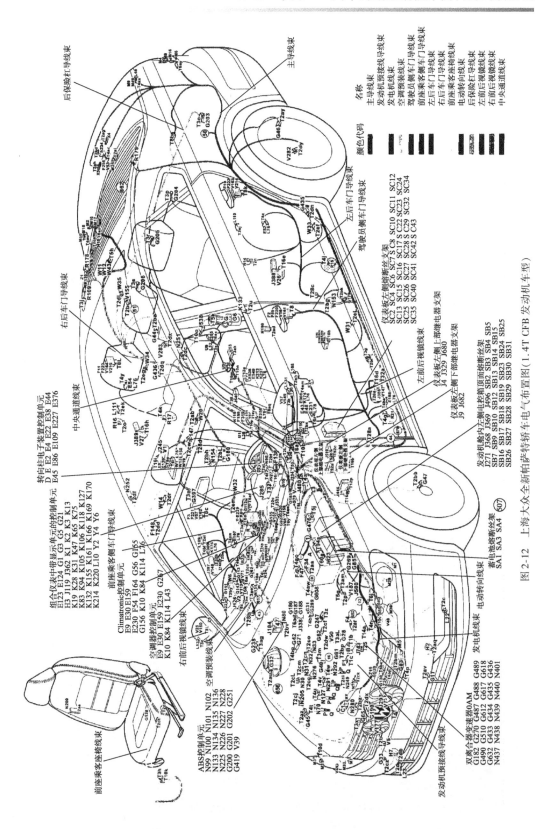

图 2-12 上海大众全新帕萨特轿车电气布置图（1.4T CFB 发动机车型）

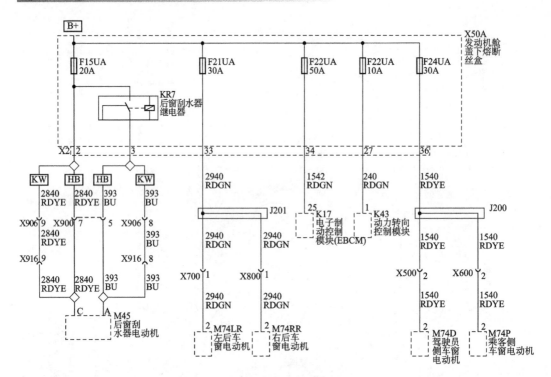

图 2-13 电源分布示意图样例

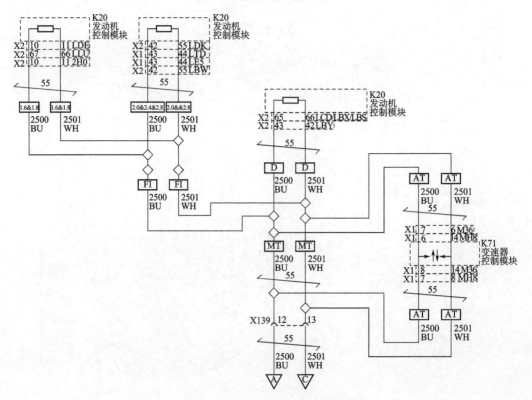

图 2-14 高速 GMLAN 数据通信系统示意图

(3) 搭铁线路图样例,如图 2-15 所示。

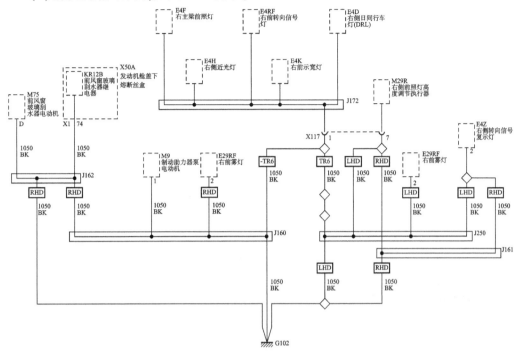

图 2-15　搭铁分布示意图样例

(五) 丰田卡罗拉汽车电路图的识读举例

丰田卡罗拉 CAN 1 号系统图,如图 2-16 所示。

丰田卡罗拉 CAN 2 号系统图,如图 2-17 所示。

丰田卡罗拉 CAN MS 系统图,如图 2-18 所示。

汽车电路图的查询可以帮助维修人员有的放矢的检测相关信号,快速的发现故障位置。在汽车网络电控模块的检修过程中,更多地使用到上述的原理图和模块针脚图。因为通过检索原理图,可以方便地进行逻辑判断,或者是从系统的角度去确定检修流程。

汽车电路图的查询也可以通过检索"汽车维修技术支持"网络平台来获取,汽车的发展品种越来越多,单纯依靠大脑的记忆来掌握维修资料是远远不够的。从事汽车维修离不开专业资料,关键的是要知道:什么时候、从什么地方、可以获得何种技术帮助,这是现代汽车维修中需要掌握的又一种"技能"。

三　汽车电控模块技术资料查询

汽车电控模块技术资料是汽车维修手册编写内容中的一部分,从汽车网络控制系统检修的角度看,在故障诊断的过程中,又处于非常重要的位置,需要进一步进行阐述。

汽车的控制系统是复杂的,由很多的模块组成。但是,如同飞机修理一样,只要遵循维修手册、执行操作规范、小心谨慎,实际上并不困难。而是在听从"维修手册"的"指挥",这是现代汽车维修技能的一个重要特征。汽车电控模块技术资料查询手段的学习,就是人脑在听从"维修手册"的"指挥"时应该完成的工作。

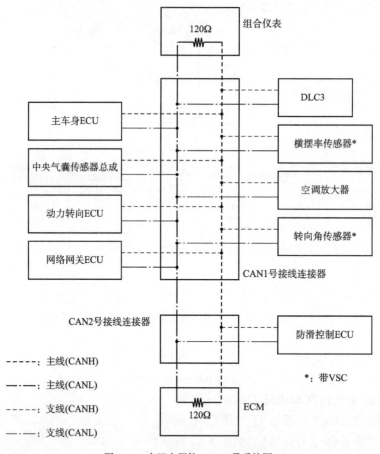

图 2-16　丰田卡罗拉 CAN 1 号系统图

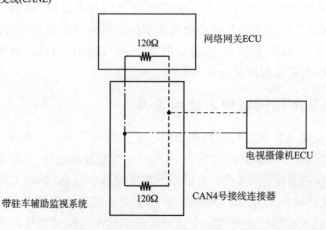

图 2-17　丰田卡罗拉 CAN 2 号系统图

单元二　汽车网络系统技术资料的阅读基础

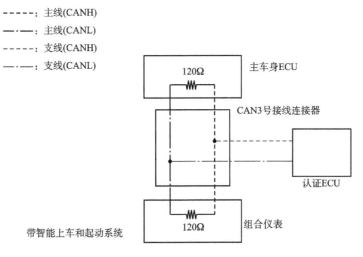

图2-18　丰田卡罗拉 CAN MS 系统图

(一) 模块安装位置的查询

汽车网络系统分为动力系统和舒适系统两大类,对应的控制模块根据设计需要分别安装在汽车的不同位置。在故障信息检测和诊断时,首先需要掌握各个模块的安装位置信息。特别是在读取 DTC 代码并且获得提示信息之后,需要围绕着相应的系统进行故障定位。

在别克新君威汽车维修手册中,设计了一张控制模块信息表,样式如图2-19所示。

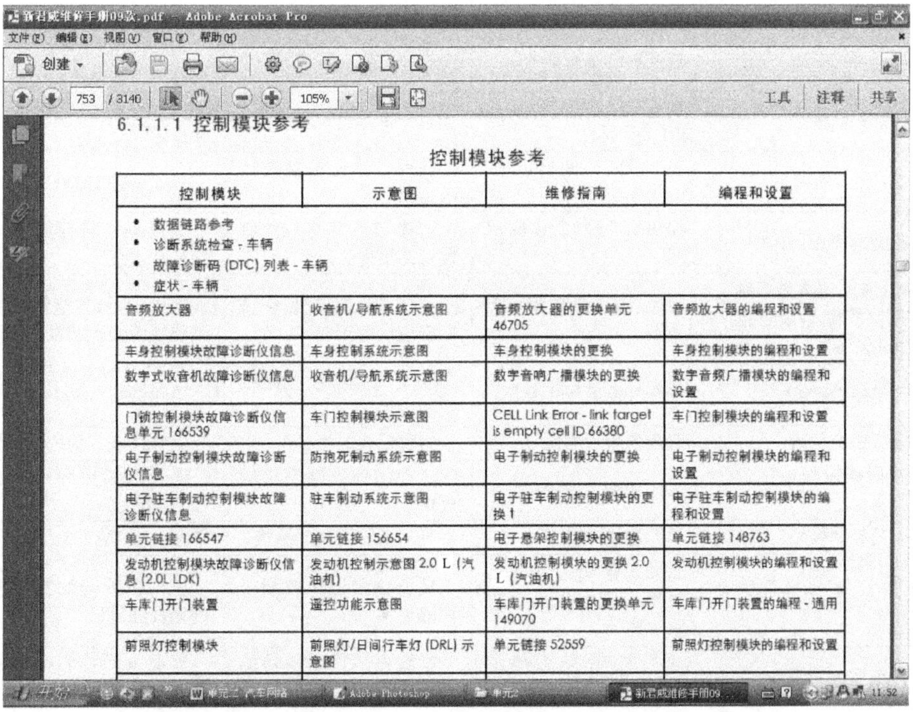

图2-19　别克君威控制模块参考表

2013款凯迪拉克 SRX 维修手册中的控制模块参考图样式,如图2-20所示。在实际图中,加下划线的内容都是可以直接点击链接进入到下一步的说明资料。

诊断导航 编程和设置 6-3

6.1 编程和设置
6.1.1 诊断信息和程序
6.1.1.1 控制模块参考

控制模块参考

控制模块	示意图	维修指南	编程和设置
·数据链路参考 ·诊断系统检查-车辆 ·故障诊断码(DTC)列表-车辆 ·症状-车辆			
音频放大器	收音机/导航系统示意图	音频放大器的更换单元46705	音频放大器的编程和设置
车身控制模块故障诊断仪信息 ①数字式收音机故障法断仪信息	车身控制系统示意图 ②收音机/导航系统示意图	车身控制模块的更换 ③数字音响广播模块的更换	车身控制模块的编程和设置 数字音频广播模块的编程和设置
门锁控制模块故障诊断仪信息单元166539	车门控制模块示意图	CELLL Link Error- link target is empty cell ID 66380	车门控制模块的编程和设置
电子制动控制模块故障诊断仪信息	防抱死制动系统示意图	电子制动控制模块的更换	电子制动控制模块的编程和设置
电子驻车制动控制模块故障诊断仪信息	驻车制动系统示意图	电子驻车制动控制模块的更换↑	电子驻车制动控制模块的编程和设置
单元链接 166547	单元链接 156654	电子悬架控制模块的更换	单元链接 148763
发动机控制模块故障诊断仪信息(2.0L LDK)	发动机控制示意图2.0L(汽油机)	发动机控制模块的更换 2.0L(汽油机)	发动机控制模块的编程和设置
车库门开门装置	遥控功能示意图	车库门开门装置的更换单元149070	车库门开门装置的编程-通用
前照灯控制模块	前照灯/日间行车灯(DRL)示意图	单元链接 52559	前照灯控制模块的编程和设置
前照灯远光控制模块	前照灯/日间行车灯(DRL)示意图	前照灯远光控制模块的更换	单元链接 185315
加热型座椅控制模块	加热型/冷却型座椅示意图	前排加热型座椅控制模块的更换	加热型座椅控制模块的编程和设置
暖风、通风与空调系统控制模块故障诊断仪信息单元 166560	暖风、通风与空调系统示意图	加热器和鼓风机、空调控制模块的更换	暖风、通风与空调系统控制模块的编程和设置
单元链接 166562	安全气囊系统示意图	安全气囊系统控制模块的更换	单元链接 148779
仪表板组合仪表	组合仪表示意图	组合仪表的更换	组合仪表的编程和设置
遥控门锁模块故障诊断仪信息	遥控功能示意图	遥控门锁控制模块的更换	遥控门锁模块的编程和设置
举升门控制模块	单元链接 156614	举升门控制模块的更换	单元链接 148783
座椅位置记忆控制模块	驾驶员座椅示意图驾驶员座椅乘客座椅示意图乘客座椅	座椅位置记忆控制模块的更换	座椅位置记忆控制模块的编程和设置
车载电话控制模块	收音机/导航系统示意图	车载电话控制模块的更换单元179900	车载电话控制模块的编程和设置
185569	收音机/导航系统示意图	多媒体接口模块的更换	多媒体播放器接口模块的编程和设置
物体警告模块	物体检测系统示意图	单元链接 145542	物体警告模块的编程和设置

图 2-20 2013 版新君威控制模块参考图样式

单元二　汽车网络系统技术资料的阅读基础

全新帕萨特汽车维修手册中的汽车控制单元与组合插座图的样例如图2-21所示。

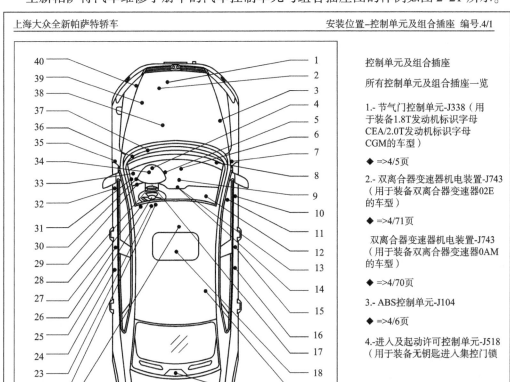

图2-21　全新帕萨特汽车控制单元与组合插座

这些控制模块参考图表提供了一个快速寻找控制模块安装位置的索引,这是检测诊断故障流程中的非常重要的一步。

(二)模块针脚定义图的查询

汽车网络控制系统模块的核心是由单片计算机构成的,内部线路比较复杂,外部针脚也比较多、比较密,无论是插拔还是检测时都是需要非常小心的。在查询到控制模块之后,根据信息指引,就能发现模块针脚的布置和定义,也能发现针脚插座的类型,进而查阅到关于这样的插座的相关操作方法和工具。如此按部就班的检索和操作,我们就能够获得所需的模块运行信息,判断故障的情况。

刚刚接触汽车维修工作时,应该练习看懂以下类型模块针脚定义图的含义,如图2-22、图2-23所示。

(三)模块外围设备的查询

模块的外围设备包括模块的供电回路和模块的执行机构,特别是在事故车辆的情况下,由于绝缘状态变化或者供电回路的接触不良都是可能产生的故障原因,许多似乎不可能发生的事往往发生了。所以在资料查询时,需要注意到模块的周边情况,从手册中先进行观察(例如线束走向图)。

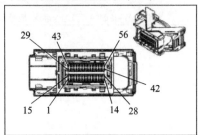

K20 发动机控制模块 X1(LLU)

连接器零件信息
  线束类型：发动机
  OEM 连接器：19167430
  维修件连接器：13581098
  说明：56 路插座连接器，BK(黑色)

端子零件信息
  端子/托架：待定
  芯线/绝缘层压接：待定
  拆卸工具/测试探针：待定

K20 发动机控制模块 X1(LLU)

针脚	导线	电路	功能
1	0.5 棕色/白色	6320	故障指示灯请求收入信号
2	0.5 深绝色/灰色	465	燃油泵主继电器控制
3	0.75 紫罗兰色/深蓝色	5290	动力传动系统主继电器熔断丝电源(1)
4	0.5 白色/灰色	459	空调压缩机离合器继电器控制
12	0.75 红色/白色	140	蓄电池正极电压
13	—	—	未使用
14	0.75 紫罗兰色/深蓝色	139	运行/起动点火1电压
15	0.5 棕色/黄色	473	高速冷却风扇继电器控制
16	0.5 黄色	5991	动力总成继电器线圈控制
17-18	—	—	未使用
19	0.5 棕色/红色	1274	加速踏板位置5V参考电压(2)
20	0.5 黑色/紫罗兰色	1271	加速踏板位置低电平参考电压(1)
21	0.5 黑色/紫罗兰色	1272	加速踏板位置低电平参考电压(2)
22	—	—	未使用
23	0.5 黑色/灰色	6110	离合器接合传感器低电平参考电压
24	0.75 黑色/紫罗兰色	2760	进气温度传感器低电平参考电压
25	0.5 白色/深蓝色	6311	巡航/电子节气门控制/变矩器离合器制动信号
26-27	—	—	未使用
28	0.5 深绿色/红色	5007	倒挡开关信号
29	0.5 紫罗兰色/红色	447	起动机继电器线圈控制
30-31	—	—	未使用
32	0.5 灰色/红色	6109	离合器接合传感器参考电压
33	0.5 棕色/红色	2700	空调压力传感5V参考电压
34	0.5 棕色/红色	5639	涡轮增压压力传感器5V参考电压

图 2-22 科鲁兹汽车发动机插座针脚图样式

11-490 接线系统和电源管理　　　　　　　　　　　　　电源和信号分布

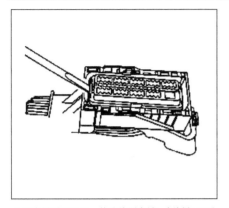

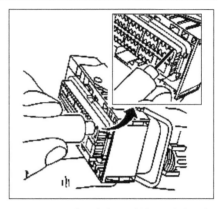

7. 用小号平刃工具，将连接器鼻端一侧撬起至预安排的位置。当鼻端位于预安排的位置时，鼻端会比连接器体高一个台阶。

9. 将J-38125-213插入鼻端上的小端子释放孔，并轻轻拉动导线背部。
10. 按照下面的"修理连接器端子（端接导线的修理）"和"修理连接器端子"程序修理端子。
11. 将修好的端子重新安装回孔中。重复诊断程序以检验修理效果，并重新连接连接器壳体。

端接引线维修
1. 拆下端子。
2. 找到相应的端接引线。
3. 根据规格尺寸使用相应的接头套管。
4. 参见"用接头套管连接铜芯导线"。

端子安装程序
更换端子后，执行以下程序以安装端子。
1. 将新端子滑入连接器背部相应的插孔内。
2. 将端子推入连接器，直到端子锁紧就位。新端子应与其他端子齐平。（以下内容省略）

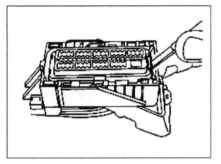

8. 用小号平刃工具，将鼻端另一侧撬起至预安排的位置。如果鼻端高于上一步的鼻端，那么，轻轻地把鼻端往下推，直到被连接器体挡住，这时，可以感觉到鼻端卡到位。

图2-23　科鲁兹汽车模块的拆装方法说明样式

（四）模块故障码的查询

在所有汽车维修手册中，都有一张故障诊断信息表，其中列举了在汽车制造时预先设计的故障现象以及为此设定的一组代码。专用诊断设备读出这一代码时，说明了这一故障的存在。别克新君威的车辆诊断信息表举例如图2-24所示。

汽车制造商在设计时，同时为每一个故障码（DTC）设计了对应的检修程序。虽然，并非为所有的故障都设计了DTC。但是，DTC的设计覆盖了大部分可能出现的故障，为汽车维修带来了极大的便利。

在维修手册中，还有一张电控模块的"失效保护表"。它的含义是：如果任一CAN总线（通信线束）由于短路或其他原因导致通信失败，每个系统特有的失效保护功能就开始工作，以防止系统发生故障。也就是说当系统通信故障时，模块将自动按照默认的基本功能运行。

丰田卡罗拉汽车的失效保护表样式见表2-1。由于"失效保护功能"的存在，在检修时需要读取相关的信息，防止在诊断时出现误判现象。

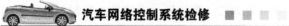

诊断导航　　　　　　　　　　　　　　　　　　　　　　　车辆诊断信息 6-79

6.2.2.7 故障诊断码(DTC)列表 – 车辆

以下故障诊断码总列表包括所有的按字母顺序排列的适用故障诊断码及其说明。

故障诊断码(DTC)列表-车辆

DTC	故障诊断码说明	设置故障诊断码的模块	诊断程序
B0000	车速信息电路	EBCM	DTC B0000、C1207-C1210、C1221-C1228、C1232-C1235 或 P0609
		收音机	DTC B0000
B0012	驾驶员正面气囊展开回路1级	传感和诊断模块	DTC B0012 或 B0013
B0013	驾驶员正面气囊展开回路2级	传感和诊断模块	DTC B0012 或 B0013
B0014	驾驶员侧安全气囊展开回路	传感和诊断模块	DTC B0014-B0045
B0015	驾驶员安全带预紧器展开回路	传感和诊断模块	DTC B0014-B0045
B0016	左侧车顶纵梁1级展开回路	传感和诊断模块	DTC B0014-B0045
B0018	左侧车顶纵梁2级展开回路	传感和诊断模块	DTC B0014-B0045
B0019	乘客正面气囊展开回路1级	传感和诊断模块	DTC B0014-B0045
B001A	驾驶员侧安全带预紧器展开回路2	传感和诊断模块	DTC B001A
B001B	乘客侧安全带预紧器展开回路2	传感和诊断模块	DTC B001B
B0020	乘客正面气囊展开回路2级	传感和诊断模块	DTC B0014-B0045
B0021	乘客侧安全气囊展开回路	传感和诊断模块	DTC B0014-B0045
B0022	乘客侧安全带预紧器展开回路	传感和诊断模块	DTC B0014-B0045
B0023	右侧车顶纵梁1级展开回路	传感和诊断模块	DTC B0014-B0045
B0025	右侧车顶纵梁2级展开回路	传感和诊断模块	DTC B0014-B0045
B0051	指令气囊展开	传感和诊断模块	DTC B0051
B0052	指令气囊展开	传感和诊断模块	DTC B0052
B0072	左前座椅安全带传感器电路	传感和诊断模块	DTC B0072
B0073	右前座椅安全带传感器电路	传感和诊断模块	DTC B0073
B0074	乘客分级传感器电路	传感和诊断模块	DTC B0074

图2-24　别克新君威车辆诊断信息表举例

丰田卡罗拉失效保护表样式　　　　　　　　　　表2-1

功能 (功能描述)	主控制系统	相关系统	失效保护操作	DTC (驾驶员可检测的)
VSC控制 (VSC工作时， 控制驱动力)	防滑控制ECU	• ECM • 转向角传感器 • 横摆率传感器	VSC控制不工作 (VSC控制逐渐停止)	U0073, U0100, U0123, U0124, U0126 (警告灯亮起)
VSC控制 (发动机功率由 VSC/TRC控制)	防滑控制ECU	• ECM • 转向角传感器 • 横摆率传感器	VSC控制不工作 (VSC控制逐渐停止)	U0073, U0100, U0123, U0124, U0126 (警告灯亮起)
ABS控制(ABS工作 时,控制驱动力)	防滑控制ECU	横摆率传感器	控制不起作用 (ABS控制时逐渐停 止控制)	U0073, U0124 (警告灯亮起)

续上表

功能 (功能描述)	主控制系统	相关系统	失效保护操作	DTC (驾驶员可检测的)
电动转向(车速感应型转矩控制)	动力转向 ECU	• ECM • 防滑控制 ECU	踩下 EPS 辅助（转向失效）	U0100, U0129 (VSC 故障:警告灯亮起,在 70 km/h 的车速时动力辅助力降低)[ECM 故障:警告灯亮起(仅在辅助开始前)]
仪表显示(显示工作条件和DTC)	组合仪表	• ECM • 防滑控制 ECU • 中央气囊传感器总成 • 认证 ECU • 主车身 ECU	灯不亮、异常亮起或异常闪烁	U0100, U0129 (灯异常亮起)
空调控制	空调放大器	• ECM • 组合仪表 • 主车身 ECU	空调功能和 PTC 加热器功能停止	B1499(空调不工作)

(五) 模块更换与设置方法的查询

在汽车网络控制模块的检修过程中,控制模块的更换往往是故障诊断流程中的最后一步。这就意味着,供电回路和通信链路经过检测已经基本排除了故障可能,剩下的属于节点故障的可能了。

由于有模块的损坏,使得原先的设置参数将无法通过专用诊断设备读出和复制。在这样的情况之下,对于不同的防盗系统监控之下的模块,采用的措施往往有所不同。

在维修手册中的"诊断信息和程序"章节中,控制模块参考表的最后一列,对各个模块更换后的编程和设置进行了说明。这是一个规范化的操作程序,专业人员只要遵照程序操作,就可以实现模块原有功能的恢复。当然,这样的操作必须非常谨慎,必须由具有掌握较好技能的资深技术人员进行操作。

四 汽车网络基本波形介绍

(一) 车载网络基本波形信号介绍

CAN 数据总线是传输数据的双向数据线,为了防止外界电磁波干扰和向外辐射,CAN 数据传输线通常都是缠绕在一起。汽车上的 CAN 总线主要采用2根。一根是用于驱动系统的高速 CAN 总线,速率达到 500kbit/s,主要连接对象是发动机控制单元、ABS 控制单元、自动变速器控制单元、安全气囊控制单元、组合仪表等。它们的基本特征相同,都是控制与汽车行驶直接相关的系统。另一根是用于车身系统的低速 CAN 总线,速率一般小于 100kbit/s,主要连接和控制汽车内外部照明、灯光信号、刮水器电动机以及其他舒适系统。从成本和需求的角度出发,LIN 总线、MOST 总线等类型的网络通信系统的相继出现,车载网络系统被划分为动力总线、舒适总线、信息娱乐总线。

为了能适应汽车车载 CAN 总线这一新技术的发展,汽车检测维修人员必须掌握汽车 CAN 总线网络系统的结构组成、工作原理、故障特点及诊断方法,才能在日常工作中快速、准确地排除涉及 CAN 总线方面的汽车故障。

❶ CAN 工作波形图简介

标准的动力系统 CAN 总线波形如图 2-25 所示。

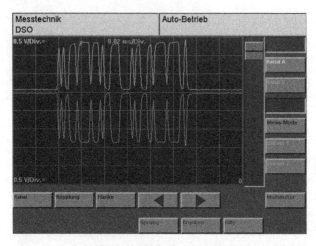

图 2-25　动力系统 CAN 总线波形

动力系统 CAN 总线的理论波形描述如图 2-26 所示。

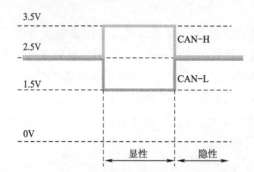

图 2-26　动力系统 CAN 总线的理论波形

汽车动力系统控制模块收发器中的差动信号放大器在处理信号时,会用 CAN-H 导线上作用的电压减去 CAN-L 导线上作用的电压,对处理的结果进行判读。例如:CAN-H 电压为 3.5V,CAN-L 电压为 1.5V,处理结果电压为 2V。判读为显性状态"1"。

CAN-H 信号和 CAN-L 信号经过差动信号放大器处理后(就是所谓的差动传输技术),可最大限度地消除干扰的影响。即使车上的供电电压有波动(如起动发动机时),也不会影响各个控制单元的数据传输,这就大大提高了数据传输的可靠性。

标准的舒适系统 CAN 总线波形如图 2-27 所示。

舒适系统 CAN 总线的理论波形描述如图 2-28 所示。

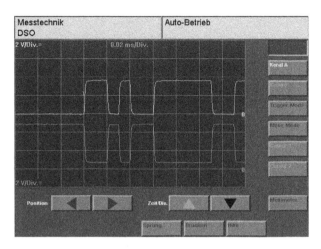

图 2-27　舒适系统 CAN 总线波形

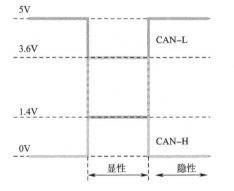

图 2-28　舒适系统 CAN 总线的理论波形

舒适/信息 CAN 总线主要用于空调电控单元、车门电控单元、舒适电控单元、收音机和导航电控单元等,其标准传输速率为 100kbit/s。舒适/信息 CAN 放弃了 CAN-H 导线和 CAN-L 导线共同的中压(2.5V)。在隐性状态(静电平)时,CAN-H 信号为 0V,在显性状态时≥3.6V;对于 CAN-L 信号来说,隐性电平为 5V,显性电平≤1.4V。

舒适/信息 CAN 总线是由汽车电源的 30 线供电的,在点火开关断开之后的一段时间内维持继续工作,然后进入睡眠模式。舒适/信息 CAN 总线具有单线工作能力,如果因断路、短路或与蓄电池电压相连而导致两条 CAN 导线中的一条不工作了,那么舒适/信息 CAN 总线就会切换到单线工作模式。

舒适 CAN-L 对正极短路时的波形,如图 2-29 所示。

波形分析:舒适 CAN-L(绿线)为端电压(12V)。

舒适 CAN-L 对搭铁短路时的波形,如图 2-30 所示。

波形分析:舒适 CAN-L(绿线)为零电压(0V)。

舒适 CAN-H 对正极短路时的波形,如图 2-31 所示。

波形分析:舒适 CAN-H(黄线)为端电压(12V)。

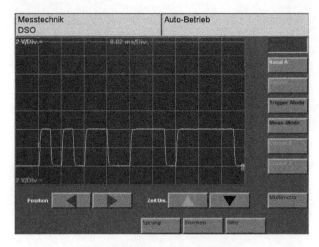

图 2-29　舒适 CAN-L 对正极短路

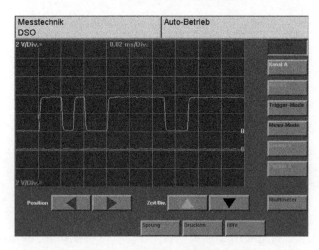

图 2-30　舒适 CAN-L 对搭铁短路

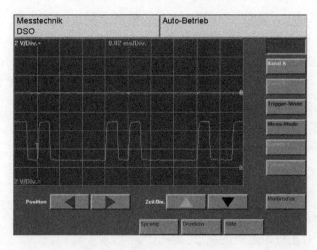

图 2-31　舒适 CAN-H 对正极短路

舒适 CAN-H 对搭铁短路时的波形,如图 2-32 所示。

波形分析:舒适 CAN-H(黄线)为零电压(0V)。

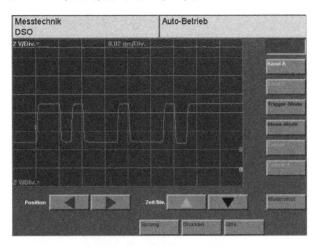

图 2-32　舒适 CAN-H 对搭铁短路

舒适 CAN-L 断路时的波形,如图 2-33 所示。

波形分析:舒适 CAN-L(绿线)为零电压(0V),但有一其他控制单元应答信号。

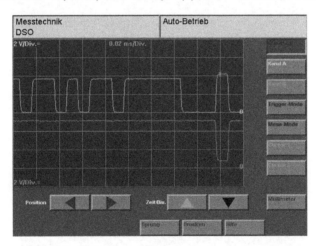

图 2-33　舒适 CAN-L 断路

舒适 CAN-H 经电阻后搭铁时的波形,如图 2-34 所示。

波形分析:舒适 CAN-H(黄线)的电压达不到其标准电压,比标准电压低。此时,与搭铁之间的电阻越大,波形幅度趋向正常。电阻越小,波形幅度越小。

舒适 CAN-H 经小电阻搭铁,如图 2-35 所示。

波形分析:舒适 CAN-H(黄线)的电压达不到其标准电压,幅度比图 2-34 小很多。

舒适 CAN-L 经电阻后对正极短路时的波形,如图 2-36 所示。

波形分析:舒适 CAN-L 经(绿线)出现端电压(12V)。

CAN-L 经电阻搭铁时的波形,如图 2-37 所示。

波形分析:舒适 CAN-L(绿线)波形电压值过低。

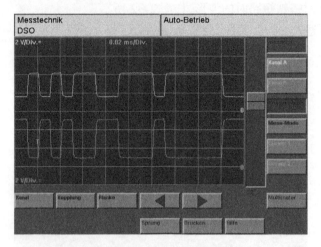

图 2-34 舒适 CAN-H 经电阻后搭铁

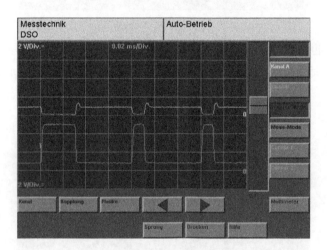

图 2-35 舒适 CAN-H 经小电阻后搭铁

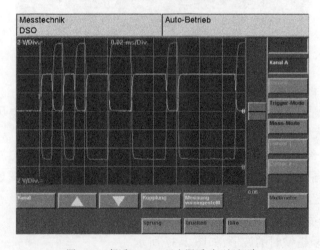

图 2-36 舒适 CAN-L 经电阻后对正极短路

单元二 汽车网络系统技术资料的阅读基础

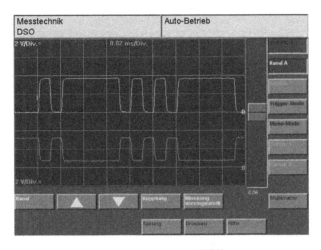

图 2-37 CAN-L 经电阻搭铁

CAN-H 和 CAN-L 同时经电阻搭铁时的波形,如图 2-38 所示。

波形分析:舒适系统 CAN-H 和 CAN-L 的波形正常,但上下线电压与标准不符。

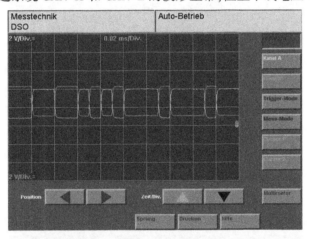

图 2-38 CAN-H 和 CAN-L 同时经电阻搭铁

舒适系统 CAN-H 和 CAN-L 间短路时的波形,如图 2-39 所示。

波形分析:舒适系统 CAN-H 和 CAN-L 输出信号波形相位变得一样。

舒适 CAN-H 和动力 CAN-H 间短路(在舒适 CAN 端检测),如图 2-40 所示。

波形分析:在舒适系统端能同时检测到舒适和动力的错误波形。

舒适 CAN-H 和动力 CAN-H 间短路(在动力 CAN 端检测)时的波形,如图 2-41 所示。

波形分析:在动力端能同时检测到舒适和动力的错误波形。

动力 CAN-H 和 CAN-L 间短路时的波形,如图 2-42 所示。

某动力控制单元 CAN-H 断路,导致动力 CAN 中正常波形与不正常波形同时存在时的波形,如图 2-43 所示。

波形分析:动力 CAN 的 CAN-H 断路,但 CAN-H 和 CAN-L 相互绞在一起,相互感应产生叠加波形,比正常波形要高。

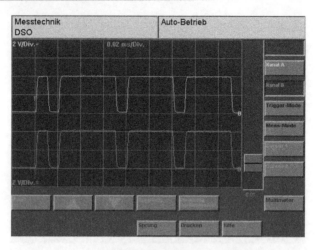

图 2-39 舒适系统 CAN-H 和 CAN-L 间短路

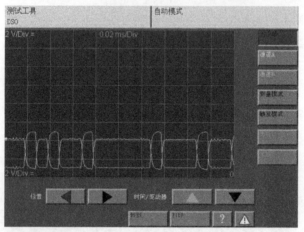

图 2-40 舒适 CAN-H 和动力 CAN-H 间短路

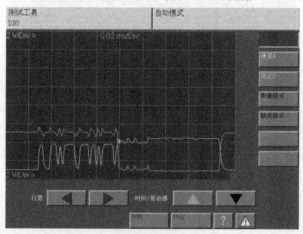

图 2-41 舒适 CAN-H 和动力 CAN-H 间短路

某动力系统控制单元 CAN-L 断路,导致驱动 CAN 中正常波形与不正常波形同时存在时的波形,如图 2-44 所示。

单元二 汽车网络系统技术资料的阅读基础

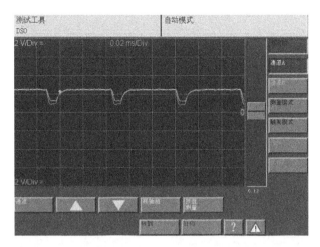

图 2-42 动力 CAN-H 和 CAN-L 间短路

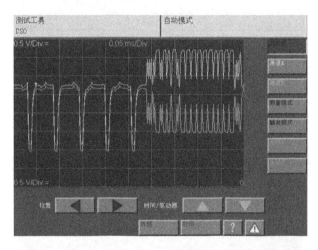

图 2-43 动力 CAN 的 CAN-H 断路并和 CAN-L 相互绞在一起

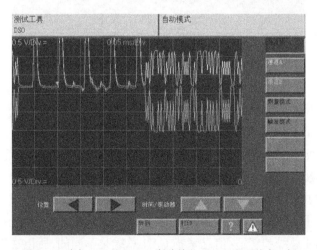

图 2-44 动力 CAN 的 CAN-L 断路并和 CAN-H 相互绞在一起

动力系统 CAN-L 断路,并和 CAN-H 相互绞在一起,相互感应产生叠加波形,比正常波形要高。

舒适 CAN-H 对正极接电阻(4kΩ)短路时的波形,如图 2-45 所示。

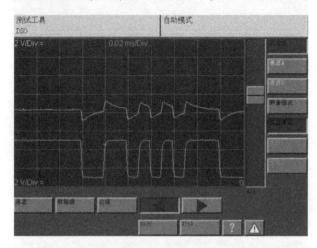

图 2-45　舒适 CAN-H 对正极接电阻(4kΩ)短路

舒适 CAN-H 断路的波形图,如图 2-46 所示。

波形分析:其小的波峰为受到 CAN-L 线的干扰。

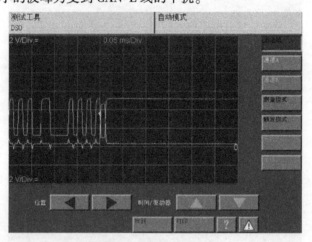

图 2-46　舒适 CAN-H 断路

舒适 CAN-L 断路的波形图,如图 2-47 所示。

波形分析:舒适 CAN-L 断路的波形图,其小的波峰为受到 CAN-H 线的干扰。

动力系统 CAN-H 带电阻(1kΩ)对搭铁短路时的波形,如图 2-48 所示。

动力系统 CAN-L 线接电阻(1kΩ)对搭铁短路时的波形,如图 2-49 所示。

CAN 总线上的电平是一个动态变化的电压,应该使用汽车示波器进行观察。但是在一般的维修过程中,可以通过汽车万用表的检测获得参考检测电压,据此进行初步的判断。

动力系统 CAN 总线和舒适/信息系统 CAN 总线是不同的,所以在检测和诊断时有所不同,主要内容如下:

单元二 汽车网络系统技术资料的阅读基础

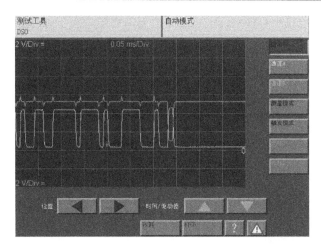

图 2-47 舒适 CAN-L 断路

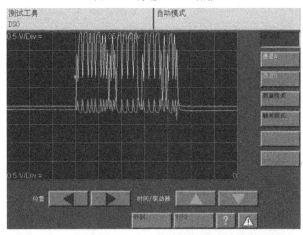

图 2-48 动力 CAN-H 带电阻(1kΩ)对搭铁短路

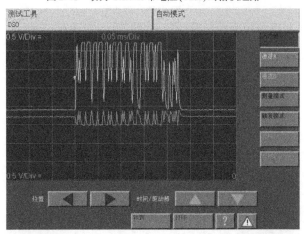

图 2-49 动力系统 CAN-L 线接电阻(1kΩ)对搭铁短路

（1）动力 CAN 总线中 CAN-H 和 CAN-L 使用一个驱动器，而舒适 CAN 总线中 CAN-H 和 CAN-L 使用了单独的驱动器。

(2) 动力 CAN 总线中 CAN-H 和 CAN-L 之间有终端电阻,而舒适 CAN 总线中 CAN-H 和 CAN-L 之间没有终端电阻。

(3) 动力 CAN 总线中需要 CAN-H 和 CAN-L 共同完成数据通信,不能单线运行。舒适 CAN 总线中 CAN-H 和 CAN-L 没有彼此依赖的关系,可以单线运行。

(4) 舒适 CAN 总线中收发器内有故障逻辑电路,用来校验两条 CAN 导线上的信号。若出现故障,故障逻辑电路会识别出该故障,从而使用完好的一条导线(单线工作模式)而动力 CAN 总线中收发器内没有故障逻辑电路,不能识别故障。

因此,动力系统 CAN 总线故障时,CAN-H、CAN-L 的波形变化会有相互影响(如搭铁、对正极短路等)。舒适系统 CAN 总线 CAN-H、CAN-L 的波形变化不直接产生相互影响。利用故障诊断仪、万用表和示波器对总线故障进行诊断是经常使用的手段。

❷ LIN 工作波形图简介

LIN 标准工作波形,如图 2-50 所示。

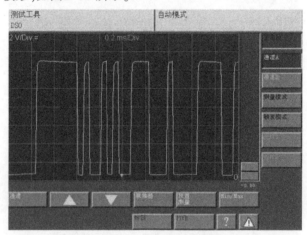

图 2-50 LIN 标准波形

LIN 线接 200Ω 对正极短路(不可工作)时的波形,如图 2-51 所示。

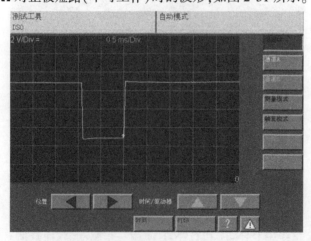

图 2-51 LIN 线接 200Ω 对正极短路

单元二 汽车网络系统技术资料的阅读基础

LIN 线接 300Ω 对正极短路(可工作)时的波形,如图 2-52 所示。

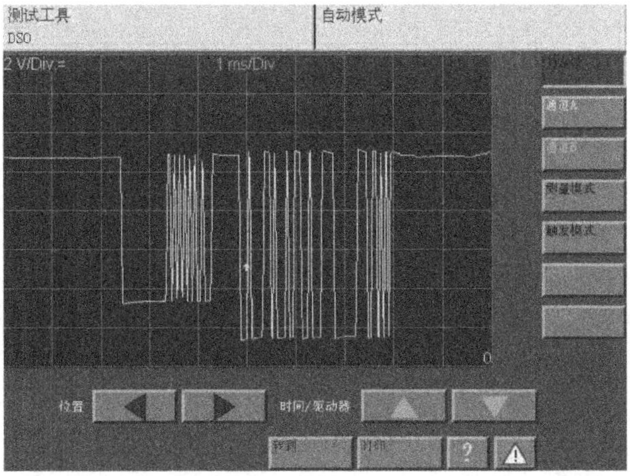

图 2-52 LIN 线接 300Ω 对正极短路

了解汽车网络常见工作波形的意义,在于可以通过简单的比对来判断现场所测波形是否正常,快速得出一个初步结论。

(二)车载网络典型故障信号检测

CAN-BUS 总线系统故障主要有以下三种类型。

❶ 由于汽车电源系统故障引起的 CAN 总线系统故障

CAN 总线系统模块的核心部分是含有 IC 通信芯片的 ECM,它的正常工作电压一般在 10.5~14.5V 范围内。如果汽车供电电源的电压低于该值时,对工作电压要求高的电控模块就可能停止工作,从而使 CAN 总线传输系统无法进行通信。

❷ 节点故障

节点是指 CAN 总线系统中的某一个电控模块,节点故障就是指电控模块不能正常工作。这样的故障可以是软件故障、也可能是硬件故障。软件故障即传输协议或软件程序有缺陷或冲突,这种故障一般成批出现,且无法维修;硬件故障一般是由于通信芯片或集成电路故障造成总线系统无法工作。

❸ 链路故障

CAN 总线系统的链路(物理连接)出现故障,如通信线路短路、断路及线路物理性质引起的通信信号衰减或失真,都会引起多个电控单元无法工作或电控系统错误动作。判定是否为链路故障时,一般可以采用万用表、汽车示波器或者专用故障诊断仪进行判断。

(三)汽车 CAN 实训教学系统故障的模拟和检测

❶ CAN 总线系统实训教学系统的功能

车载网络系统利用数据通信实现了对整车运行过程中的实时操作和控制,通信链路贯穿了各个控制模块。因此,要在实车上通过对故障状态下的相关信号进行检测,去掌握相关的维修技能是比较困难的。借助 CAN 总线实训教学系统,采用真实的系统控制模块,进行模拟运行和操作,可以获得相关的检测数据。

大众帕萨特新领驭2009版的车载网络CAN实训教学系统如图2-53所示。这样的实训教学系统可以演示CAN总线各系统之间的关联以及系统中各模块之间通过CAN数据通信线实现检测控制信号传递的工作过程。

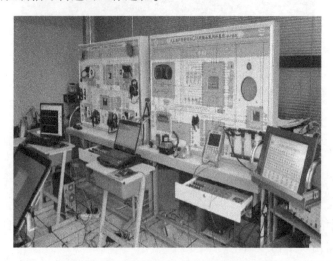

图2-53　大众帕萨特新领驭CAN总线实训系统

❷ CAN总线系统实训教学系统故障模拟

图2-54是CAN总线系统实训教学系统的故障模拟板,拔下不同的红色插件就可以模拟各个点的"断路";通过插入连接线,又可以模拟各个点的"短路"状态;将检测表棒插在不同的插口上,可以对系统中的相关信号进行测量。

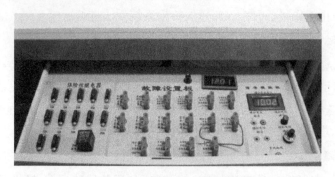

图2-54　CAN总线故障模拟板

单元小结

本单元重点介绍了汽车专业技术资源和检测波形的形式、特征和阅读方法。在汽车品种快速增长、技术含量和功能不断提高的情况下,单纯依赖大脑的记忆显然不再能满足现代汽车维修的需求。

本单元重点强调,学习者应该能够充分了解快速获得所需专业技术资料的相关途径,养成检索和阅读技术资料,并且解决现场实际问题的能力。

单元二 汽车网络系统技术资料的阅读基础

(一)填空题

1. 汽车维修手册是( )编制的专业技术资料。
   A.学校　　　　　B.4S店　　　　　C.汽车制造商　　D.都不是
2. 汽车维修手册除了作为汽车维修的技术手册之外,同时还是一个( )文件。
   A.专业教学　　　B.操作规范　　　C.资源检索　　　D.设计依据
3. OST总线属于( )传输模式。
   A.单线　　　　　B.双线　　　　　C.三线　　　　　D.都不是
4. 以下维修资源中,( )不属于汽车电路图中内容。
   A.供电回路图　　B.控制回路图　　C.模块针脚图　　D.机械装配图
5. 汽车电路图中的继电器默认定义为线圈( )状态。
   A.未通电　　　　B.得电　　　　　C.自动接通　　　D.都不是
6. CAN总线网络主要可以应用在( )。
   A.电动车窗　　　B.安全气囊　　　C.发动机　　　　D.都不是
7. 汽车原理图中,30号线的状态为( )。
   A.5V　　　　　　B.12V　　　　　 C.24V　　　　　 D.与蓄电池电压相同
8. 汽车原理图中,15号线的状态为( )时接通。
   A.与蓄电池常通　B.点火开关ON　　C.24V　　　　　 D.都不是
9. CAN总线的工作波形为同相是因为( )。
   A.CAN-H搭铁　　　　　　　　　　　B.CAN-L搭铁
   C.CAN-L与+B短路　　　　　　　　 D.CAN-H、CAN-L之间短路
10. 车载网络系统的优点,不正确的是( )。
    A.电控单元间交流更加简单和快捷　　B.布线简化,降低成本
    C.传感器数目增多,传输更方便　　　　D.提高汽车总体运行的可靠性

(二)判断题

1. CAN是目前为止丰田汽车唯一使用的现场总线。　　　　　　　　　　　　( )
2. 维修手册中的DTC诊断程序在现场维修过程中,起到帮助、指导作用。　　( )
3. 维修手册中的控制模块失效保护表描述的是在通信中断时模块的默认功能。( )
4. 作为汽车维修人员,阅读不同类型汽车电路图的关键是要掌握识读规范。　( )
5. 线束图、原理图和布线图都是汽车电路图中的一种。　　　　　　　　　　( )

(三)简答题

1. 汽车维修手册中的"故障诊断码列表"有何作用?
2. 简述通用汽车维修手册的分类与功能。
3. 简述维修手册中控制模块参考图的功能。
4. 简述汽车原理图的阅读技巧。

单元三　汽车网络控制系统的故障类型与检修

  学习目标

1. 了解传统汽车维修和现代汽车维修的区别；
2. 了解现代汽车维修特征及诊断维修方法的改变；
3. 了解汽车网络控制系统的主要故障类型；
4. 了解汽车网络控制系统主要故障检测信息；
5. 了解汽车网络控制系统故障诊断时的思维方法。

  建议课时

4课时。

汽车新技术的快速出现，使得汽车维修过程中无论是故障诊断还是检修方法都发生了很大的变化。4S企业的主要业务从汽车修理转向"维护和快修"，发动机的解体维修作业基本上交由制造企业承担。

有资料表明，现代汽车维修需要40%的精力查阅资料、30%的精力分析故障，零部件拆装的时间由过去的70%降低到30%以下，这就对汽车维修人员提出了新的挑战。因此，在汽车电控技术快速发展的背景下，维修人员要提高自身的技能，掌握汽车新技术，培养自身的综合素质，以促进汽车维修的发展。

一　现代汽车诊断维修方法

大量采用电子元件及其计算机控制技术后，汽车产品的品质、安全性和排放性得到了提高。同时，当汽车出现故障时，也毫无疑问地带来了故障诊断复杂化等新问题。当涉及汽车故障诊断时，除了各控制系统之间的相互联系与协调之外，对车内诊断系统和非车载诊断系统之间的相互协调也提出了更高的要求。

(一)传统汽车维修和现代汽车维修

传统的汽车维修是以机械修理为核心的手工操作技艺。或者说,传统汽车维修技术是以单纯机械修理工艺为基础的手工操作技能。其技术延续的方式主要以师徒相传为主,其工艺特征主要表现为手工工具的应用和经验的积累。因而传统汽车维修从其本质上讲只能称为手艺,而不是技术。

传统汽车维修模式中经验判断的成分所占比重很大,一些修理技术人员遇到上述故障时往往是按照自己的经验直接找到某一点,而不是按照步骤顺序逐一检查。这样可能造成找出故障的随机性很大,诊断过程缺乏严密的科学性,因而传统汽车维修技术是应用形象思维方法而构架起来的经验体系。特别是在当前,汽车品种的不断增加的快速发展,用"人脑"记忆各种汽车的维修数据是不现实的。

传统汽车诊断维修技术与现代汽车诊断维修技术的根本区别在于故障分析中思维方式的不同。传统汽车诊断维修的分析方法以形象思维为特征,而现代汽车诊断维修的分析方法则以逻辑思维为特征。传统汽车维修强调汽车修理工艺并以零部件修复为手段,现代汽车维修突出汽车诊断技术并以判断故障点为目标。传统汽车维修是总成拆装调整工艺与零件加工修复工艺的组合,现代汽车维修是总成拆装调整工艺与系统检测诊断技术的组合。

汽车故障状况的诊断是由检查、测量、分析、判断等一系列活动完成的,其基本方法主要分为两种:一种是传统的人工经验诊断法,另一种是现代仪器设备诊断法。

❶ 人工经验诊断法

这种方法是诊断人员凭丰富的实践经验和一定的理论知识,在汽车不解体或局部解体的情况下,借助简单工具,用眼看、耳听、手摸和鼻闻等手段,边检查、边试验、边分析,进而对汽车技术状况做出判断的一种方法。

❷ 现代仪器设备诊断法

这种方法是在人工经验诊断法的基础上发展起来的一种诊断方法,该方法可在汽车不解体情况下,用专用仪器设备检测整车、总成和机构的参数、曲线或波形,为分析、判断汽车技术状况提供定量依据。采用计算机控制的仪器设备能自动分析和判断汽车的技术状况。现代仪器设备诊断法具有是检测速度快、准确性高、能定量分析、可实现快速诊断等优点,但也存在投资大和对操作人员要求高等缺点。使用现代仪器设备诊断法是汽车检测与诊断技术发展的必然趋势。

(二)汽车维修的策略分析

❶ 学习专业维修知识,掌握维修新技术

汽车的结构越来越精细,在维修过程中需要借助大量的科技设备以实现自动化的诊断,这就要求汽车维修人员必须学习诊断新技术。汽车维修人员要掌握扎实的维修理论,对于汽车维修有关的技术也要了解。汽车维修人员也要经常参加各类培训,积极地进行技术交流,在交流中不断更新自身的观念。

❷ 提高自身的综合素质

汽车维修是一项专业性很强的工作,维修人员要有灵活的头脑,在学习理论知识的前提下,一定要多实践,提高自身的动手能力。

❸ 对汽车诊断合理分析

汽车维修人员要对诊断路径进行合理的选择,以最快的方式找出故障出现的原因,然后迅速做出合理分析。

❹ 对维修数据进行检索和应用

随着网络技术的更新和发展,汽车的控制系统也在更新换代,汽车的结构也越来越复杂,汽车的配置越来越精细,维修人员不可能将所有的维修数据都掌握。因此,维修人员要善于运用汽车维修专用网络,在网上查询资料,获得及时的技术支持。计算机网络为汽车维修提供了便利的渠道,维修数据的有效搜索是汽车维修的首要环节。

(三) 网上专业技术资源检索平台介绍

通过百度、搜狐、360等搜索引擎,键入"汽车维修"关键字,可以发现许多这样的专业网站,拥有大量的专业技术资料。

专业技术资源检索举例:

(1) 畅易汽车维修技术支持平台(http://www.car388.com);

(2) 8848汽车维修网(http://www.vw8848.com/);

(3) 汽车工程师之家(http://news.cartech8.com/);

(4) 中国知网(http://www.cnki.net/default.htm);

(5) 百度文库(http://wenku.baidu.com/);

(6) 精通维修下载(http://www.gzweix.com/)。

在中国知网上,可以检索到大量的专业文献资料。在百度文库中,可以检索到大量的专业教材、教学PPT、使用说明书、技术论文、专业技巧、操作案例等。

由于汽车新技术的快速发展,对于汽车维修技术的专业分割越来越小,专业化程度也越来越高。我们已经很难界定,学完了什么知识之后就能够完成什么,而是应该在操作过程中"需要什么,就去学习什么"。只有根据需求,不断地进行学习,才能胜任岗位能力的不断提升。

所以,网络学习将是一个巨大的课堂、一个渊博的教师,也是汲取知识点的源泉。现代汽车维修特征,必须通过这样的学习模式去适应。

(四) 专业设备在汽车网络控制系统检修过程中的使用

汽车网络控制系统检修时常用的专用设备有汽车数字万用表、示波器和专用诊断仪。

❶ 汽车数字万用表

汽车数字万用表具有测量电压、电流、电阻(包括通断)、电容、温度和占空比、发动机转速等汽车电路检测的实用功能,是汽车电工最简易的检测工具。在汽车网络控制系统的检修过程中,判断模块供电系统是否正常、线束通断、短路验证时,可以非常简捷和有效

❷ 汽车示波器

汽车示波器是一种用途十分广泛的电子检测仪器,它能够把看不见的电信号变化的过程通过屏幕显示出来,成为通常所说的波形曲线。还可以用它测试各种不同的电量,如电压、电流、频率、幅度、相位等。特别是可以利用它,捕捉系统瞬间变化的信号,为判断故障的原因提供帮助。

汽车示波器不仅可以快速捕捉电信号,还可以记录波形信号,显示电信号的动态波形,便于一面观察一面分析。

双踪示波器是汽车示波器中的一种,它可以同时采集两种电信号的变化,显示波形。在汽车网络控制系统的检测中,需要同时读取 CAN-H 和 CAN-L 两路波形进行比较和分析。

目前,还有多功能的数字示波表问世,将万用表功能和示波器功能整合到一起并且小型化,成为一种便携式的检测设备,非常适用于现场的维修需要。

❸ 专用诊断仪

专用汽车诊断仪是现代汽车故障诊断、检测和维修必不可少的设备。主流汽车制造商均提供了适用于自己车系的汽车诊断仪,例如大众车系的 VAS5052、VAS6150B,丰田车系的 IT2,通用车系的 GDS-2,宝马车系的 GT1 等。此外,国内一些制造商还设计生产了 KT600、电眼睛等多种型号的诊断仪,可以同时应用于不同品牌的汽车维修。

汽车诊断仪一般都具有读取故障码、清除故障码、动态数据分析、执行元件测试、防盗系统匹配、故障检测导航等项功能。汽车诊断仪的核心是一台电脑,由于强大的软件设计功能,使得设备具备了智能化的功能。

二 汽车网络控制系统故障检修

由于大规模集成电路和计算机技术的大量应用,车载网络系统控制模块故障的诊断和维修具有了与电脑硬件维修相同的特征。人们不再去关注单元内部某一个元件的修理,而是判断整个模块运行是否正常,如果有故障就整体更换。

对于汽车网络控制系统故障的分析,应该从物理检查和逻辑推断两个方面进行。

所谓物理检查,是对系统的运行环境的检查。例如供电回路、通信导线、模块自身及端子接线等。这样的故障可能是静态的,也就是永久性存在的。也可能是动态的,也就是随机的或者间歇性出现的。

所谓逻辑推断,就是从"前因后果"的角度去思考。例如在正常运行状态时不可能出现的故障,在事故车辆和维修之后则往往可能出现。特别是对于一些看似没有相互关联的故障信息,从网络通信和系统控制的角度分析,就是可能发生的。

(一)汽车网络控制系统的主要故障状态

正常情况下,汽车网络控制系统发生故障的原因有以下三个方面。

❶ 因为汽车电源系统而引起的故障

在汽车网络控制系统中,电控模块是由蓄电池和发电机供电系统提供电源的。电控模块的核心部分是含有 IC 通信芯片的 ECM（电控单元），它的正常工作电压一般在 10.5～14.5V 范围内。如果提供的电压低于该值就会造成一些对工作电压要求高的电控模块出现停止工作的现象，从而使整个多路信息传输系统无法通信。

❷ 因为节点出现故障而引发整个系统出现故障

节点是汽车网络系统传输中的电控模块，节点故障就是电控模块故障。它包括软件故障和硬件故障，软件故障即传输协议或软件程序有缺陷或冲突。这种故障一般成批出现，且无法维修。硬件故障一般是由于内部的通信芯片、集成电路或者元器件的失效造成汽车网络系统无法工作。对于节点故障的维修只有通过更换相同的模块来恢复。

❸ 链路故障

链路是指汽车网络控制系统进行数据交换和通信时的物理连接通道，包括通信线路和线束与模块连接的接插件等。汽车网络控制系统链路（通信线路）出现故障时，如通信线路短路、断路以及线路物理性质引起的通信信号衰减或失真，都会引起多个电控单元无法工作或电控系统错误动作。

(二) 汽车网络控制系统的故障检测方法

❶ 故障检修的一般步骤

汽车网络控制系统故障诊断的一般步骤如下。

第一步，查阅维修手册，阅读关于本车型车载网络的相关说明。通过查阅汽车电路图，了解车载网络系统的种类和供电回路。

第二步，了解该车型网络系统的特点，例如传输介质、局域网形式和拓扑结构、相关通信协议。

第三步，了解车载网络系统的各种功能，例如有无唤醒功能、休眠功能等。

第四步，详细了解汽车出现异常情况的具体症状，以及该车在行驶过程中曾经发生的情况（问诊）。

第五步，检查汽车电源供电回路是否存在故障，主要是检查蓄电池供电电压。

第六步，通过 OBD-Ⅱ插座读取故障码，了解汽车在前期运行过程中是否存在异常信息记录。

第七步，检测汽车网络系统的工作波形是否正常。

第八步，导线检查、线束检查、搭铁检查、模块检查。

❷ 故障的检测方法

在检查车载网络系统前，须保证所有与数据总线相连的控制单元无功能故障。功能故障指不会直接影响数据总线系统，但会影响某一系统的功能流程的故障。例如：传感器损坏，其结果就是传感器信号不能通过数据总线传递。这种功能故障对数据总线系统有间接影响。这会影响需要该传感器信号的控制单元的通信。存在功能故障时，应先排除该故障，记录该故障并消除所有控制单元的故障码。排除所有功能故障后，如果控制单元间数据传递仍不正常，检查数据总线系统。

(1)两个控制单元组成的 CAN 数据系统的检测。检测时,关闭点火开关,断开两个控制单元,如图 3-1 所示。检查数据总线是否断路或对正极/地短路。如果数据总线无故障,更换较易拆下(或较便宜)的一个控制单元试一下。如果数据总线系统仍不能正常工作,更换另一个控制单元。

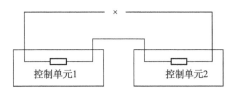

图 3-1　两个控制单元的系统检测

(2)三个或更多控制单元组成的双线式数据总线系统的检测。检测时,先读出控制单元内的故障码。如图 3-2 所示,如果控制单元 1 与控制单元 2 和控制单元 3 之间无通信,关闭点火开关,断开与总线相连的控制单元。检查数据总线是否断路。如果总线无故障,更换控制单元 1。如果所有控制单元均不能发送和接收信号(故障存储器存储"硬件故障")则关闭点火开关,断开与数据总线相连的控制单元,检测数据总线是否对正极/地短路。

图 3-2　三个控制单元的系统检测

(3)链路故障检查。当汽车网络控制系统的链路出现故障的时候,例如通信线路的短路、断路或者绝缘性能变异等,都会引起多个控制单元无法工作或控制系统错误动作的情况发生。链路故障的判断,首先可以从故障码中发现,也可以采用示波器或汽车专用光纤诊断仪来观察通信数据信号是否与标准通信数据信号相符。

(4)链路故障的检查方法。在相应的控制模上找到 CAN 总线,然后用多通道示波器检测 CAN-H 和 CAN-L 数据线上的波形。

此时,并不需要关心 CAN 数据总线正在传递什么信息,而是关注这两条线上的波形是否正常。通常可用万用表去测量 CAN-H 和 CAN-L 数据线与搭铁之间的电压,一般情况 CAN-H 线上电压为 2.5~3.5V,CAN-L 线上电压为 1.5~2.5V,且两者之和等于 5V,比如 CAN-H 线上电压为 3.3V,则 CAN-L 线上电压应为 1.7V。

当怀疑某两个控制单元之间的 CAN 通信线束出现故障时,可以用万用表对这两个模块之间的 CAN 线进行检查。并注意检查线束连接器端口和接头是否损坏、弯曲和松脱(接头侧和线束侧)。

实际检查时,还可充分利用两个数据传递终端电阻进行 CAN 线路故障范围的确定。在系统完全正常的情况下,断开电源,拔下整个 CAN 数据传输系统中除作为 CAN 数据传输系统终端的两块控制单元外的任一模块,在拔下的模块上找到 CAN 总线,用万用表测量线束侧的两 CAN 总线之间的电阻都应约为两个数据传递终端电阻并联后的电阻值(高速 CAN 数据传输系统通常为 60Ω 左右),否则,说明 CAN 线路或作为 CAN 数据传输系统终端的两块控制单元故障。此时再检查作为 CAN 数据传输系统终端的两块控制单元的数据传递终端电阻,如正常,则为 CAN 线路故障。

(5)汽车网络电控系统节点故障检查。如果有节点故障,将使整个车载网络系统无法工作。在判断是否为车载网络系统中的控制单元损坏引起的网络系统故障时,有一个简单而实用的方法,就是将怀疑有故障的控制单元从网络系统中"摘除"。如果系统通信恢复正常并且故障码的指向性变成与该模块"无法通信",则表明被"摘除"的控制单元可能有问题。注意:在摘除前必须确定该控制单元中没有集成终端。

(三)汽车网络控制系统的故障检修注意事项

在维修的过程中需要严格地按照维修手册的要求进行操作,注意事项如下。

(1)在检查电路之前确保关闭点火开关,断开蓄电池负极电缆。

(2)由于动力系统电控单元电路具有一定的敏感性,因此有专门的线路修理程序,要严格执行。

(3)动力系统电控单元对电磁干扰极其敏感。

(4)为避免损坏线束插接器端子,在对动力系统电控单元线束插接器进行测试时,务必使用合适的线束测试引线。

(5)不要触摸动力系统电控单元插接器端子或动力系统电控单元电路板上的锡焊元件,以防因静电放电造成损坏。

(6)在利用电焊设备进行焊接时,必须从动力系统电控单元上拆下线束插接器。

(7)确保所有线束插接器连接可靠。

(8)发动机运行时,不得从车辆电气系统上断开蓄电池电缆。

(9)在充电前,务必从车辆电气系统上断开蓄电池电缆。

(10)切勿使用快速充电器起动车辆。

(11)确保蓄电池电缆端子连接牢固。

(12)在安装新的动力系统电控单元前,确保类型正确,务必参见最新的备件信息。

(13)当插接器需要更换时,只能更换认可的电气插接器,以保证正确的配合,并防止线路中电阻过大。

(14)第四代防盗系统监控下的电控模块必须使用制造商认可的产品。

(四)网络控制系统的故障检修步骤

首先,应该了解车辆的网络系统的结构形式,最好画出其网络结构基本框图。要实现该操作,需要首先从维修手册或者通过网上资源检索来获取技术信息。

其次,应该了解该车型多路信息传输系统的特点。例如:

(1)传输介质,如双绞线、同轴电缆、光纤和无线电(蓝牙技术)等。

(2)网络类型,如CAN网、LAN网等。

(3)网络通信协议类型,如CAN协议、VAN协议、CCD协议、ABUS协议、HBCC协议和DLCS协议等;

开始对故障车辆进行检测之前,应该先检查电控单元的电源供电及搭铁回路是否良好。用目测法检查线束是否正常、有无破损,有无外力损伤等等。

然后,需要了解车载网络系统的各种功能,如有无唤醒功能、休眠功能等;检查汽车电源系统是否存在故障,检查交流发电机的输出波形是否正常等;检查汽车多路信息传输系统的链路是否存在故障;检查是否为节点故障。

单元三 汽车网络控制系统的故障类型与检修

这些检查可以通过网络电控模块的故障自诊断功能,采用专用诊断仪,与出现故障的各电控模块进行通信,并读取故障码。也可使用多通道示波器对不同进行波形检测(动力系统、舒适系统等),通过波形比对,快速地进行故障区域定位。

值得注意的是,维修手册中针对故障码有对应的检测程序,这样的程序是比较规范的,应该优先执行。

(五) 车载网络系统检修实例

❶ 故障现象描述

一辆2010年产上海大众帕萨特新领驭事故轿车,搭载1.8T发动机,修复后发动机出现了起动后熄火的故障,即有时起动后1s左右就熄火了,但是防盗指示灯并没有点亮。

❷ 检测与诊断

根据以上情况,用VAS6150B故障诊断仪读取故障码如图3-3所示,检测到动力系统总线波形如图3-4所示。

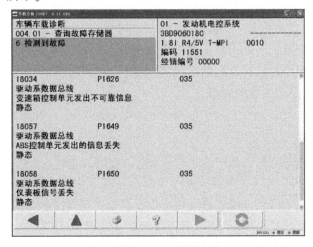

图 3-3 读取故障码

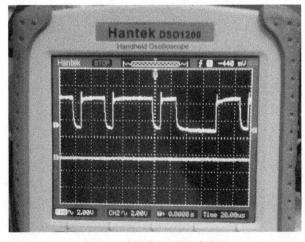

图 3-4 检测动力系统总线波形

根据读取的故障码,报错信息有多个,同时故障码所显示的模块都在动力系统。通过观察波形图可以发现,动力系统 CAN 总线中的 CAN-L 可能已经对地短路。

考虑到该车发生过交通事故的实际情况,造成数据总线对地短路的最可能的原因是相关的控制单元受到撞击后损坏或相关线路出现了问题。通过依次拆下 ABS 控制单元、发动机控制单元、安全气囊控制单元以及仪表控制单元上的线束插头,但是故障并没有消失。据此进一步可以确定,故障点应该在相关的线路上,即线路本身搭铁。

ABS 控制单元、发动机控制单元、安全气囊控制单元以及仪表控制单元是通过数据总线按照星形方式连接在一起,因此可以用断线排除法诊断故障。找到 J285 仪表控制单元后面的数据插座,在摇晃连接线路时,发现故障消失了,这说明问题就在 J285 的线束上。顺着仪表控制单元线束查找,最后发现了有外皮破损的线路,将线束处理好后,试车故障彻底排除。由于 J285 仪表控制单元线束损伤后,导致数据总线直接搭铁,各控制单元之间数据无法正常传输,所以发动机起动后就会熄火。

仔细观察之后,发现线路的外皮呈现挤压破损的痕迹,这应该是维修人员在修理过程中不小心损伤的,从而导致了发动机起动后熄火的故障。通常,汽车的线束无论是制造质量还是装配线上的安装工艺要求都是非常严格的,但是由于意外事故的发生导致了意外的故障的出现。对于经过运行之后的车辆的故障排查,有时不能单纯地从原理和逻辑上去思考,还需要一点发散思维的支撑。

单元小结

本单元主要讲述现代汽车维修特征与技能点以及知识点需求的关系,提出了根据需求不断保持继续学习的理念。讲述通过网络检索获得所需专业技术资料和学习资料的途径,和通过视频观摩获得隐性专业知识点传授的学习方法,以适应中职学生的学习特点。

本单元突出了在现代汽车故障诊断和维修过程中,阅读维修手册是一个非常重要内容的描述。强调在掌握基本技能的基础上,了解什么时候、在什么地方、通过什么方式获取专业技术支持,是一种新的岗位能力需求。强调由专业技术资料、专用诊断设备和专业技术人才整合的现代汽车维修岗位的关键性技能要求。

思考与练习

(一)填空题

1. 在舒适 CAN 总线的故障波形中,当 CAN-H 线断路时,其电压波形为(　　)。
  A. 一条直线 B. 带毛刺的直线 C. 没有线 D. 都不正确

2. 在舒适 CAN 总线的故障波形中,当 CAN-H 线对蓄电池负极短路时,其电压波形为(　　)。
  A. 一条直线 B. 一条曲线 C. 没有线 D. 都不正确

3. 在动力 CAN 总线的故障波形中,当 CAN-L 线断路时,其电压波形为(　　)。
　　A. 一条直线　　　　B. 带毛刺的直线　　C. 没有线　　　　D. 都不正确

4. CAN 总线的抗干扰措施为(　　)。
　　A. 双绞线　　　　　B. 单线　　　　　　C. 双线　　　　　D. 都不正确

5. 汽车电路图中的继电器默认定义为线圈(　　)状态。
　　A. 未通电　　　　　B. 得电　　　　　　C. 自动接通　　　D. 都不是

6. CAN-BUS 数据总线的两条线在数据传输时的电位是(　　)的。
　　A. 相同　　　　　　B. 相反　　　　　　C. 不一定　　　　D. 都不是

7. 当舒适系统 CAN 总线发生故障时,自动切换到(　　)模式。
　　A. CAN-H　　　　　B. CAN-L　　　　　C. 不一定　　　　D. 都不正确

8. 不同区域车载网络的速度是(　　)的。
　　A. 不同　　　　　　B. 相同　　　　　　C. 不一定　　　　D. 都不正确

9. 当动力系统 CAN 总线发生故障时,自动切换到(　　)模式。
　　A. CAN-H　　　　　B. CAN-L　　　　　C. 不一定　　　　D. 都不正确

10. CAN 总线的工作波形通常用(　　)来检测。
　　A. 万用表　　　　　B. 电阻表　　　　　C. 数字示波器　　D. 都不对

(二)判断题

1. 舒适 CAN 数据总线连接 5 个控制单元,有 5 个功能:中央门锁、电动窗、照明开关、后视镜加热及自诊断功能。　　　　　　　　　　　　　　　　　　　　(　　)
2. 模块就是节点,节点就是模块。　　　　　　　　　　　　　　　　　　(　　)
3. 计算机通信接口一般包括 3 个方面内容:物理、电气和逻辑。　　　　　(　　)
4. 车载网络系统的出现,减少了导线和传感器的数量。　　　　　　　　　(　　)

(三)简答题

1. 车载网络系统的优点是什么?
2. 按照你的理解,说一说汽车为什么要使用车载网络系统。
3. 光纤的功能和其特点是什么?
4. 接口包含哪四个方面内容?分别起什么作用?

单元四 丰田汽车网络控制模块检测

学习目标

1. 叙述丰田通信系统的基本结构组成和特点；
2. 知道如何借助维修手册和专用检测仪器来查询故障；
3. 分析电源、链路、模块的异常与产生网络系统故障码的关系；
4. 正确完成清除 DTC 典型故障码的基本操作。

建议课时

18 课时。

一 丰田 CAN 通信系统简介

本单元主要以丰田卡罗拉轿车为例，分析和探讨丰田车系 CAN 总线的检修思路和方法，为专业技能点的学习提供借鉴和帮助。

（一）丰田车载网络系统资料查询

丰田卡罗拉 CAN 通信系统部分的维修手册目录如图 4-1 所示。

对专业技术资料的阅读可以明确地了解车辆的结构和技术参数，作为现代汽车的制造商，除了设计汽车结构和制造工艺之外，还要设计维修流程和维修工艺和标准。所以，严格地说，现代汽车维修应该是按照制造厂家提供的技术参数、检测方法、维修工艺和操作流程进行的一个规范化的运作。

（二）丰田车载网络标准与特点

日本丰田汽车公司的车载网络系统主要有 CAN、BEAN 和 AVC-LAN 等，这三种电路的通信速率见表 4-1。

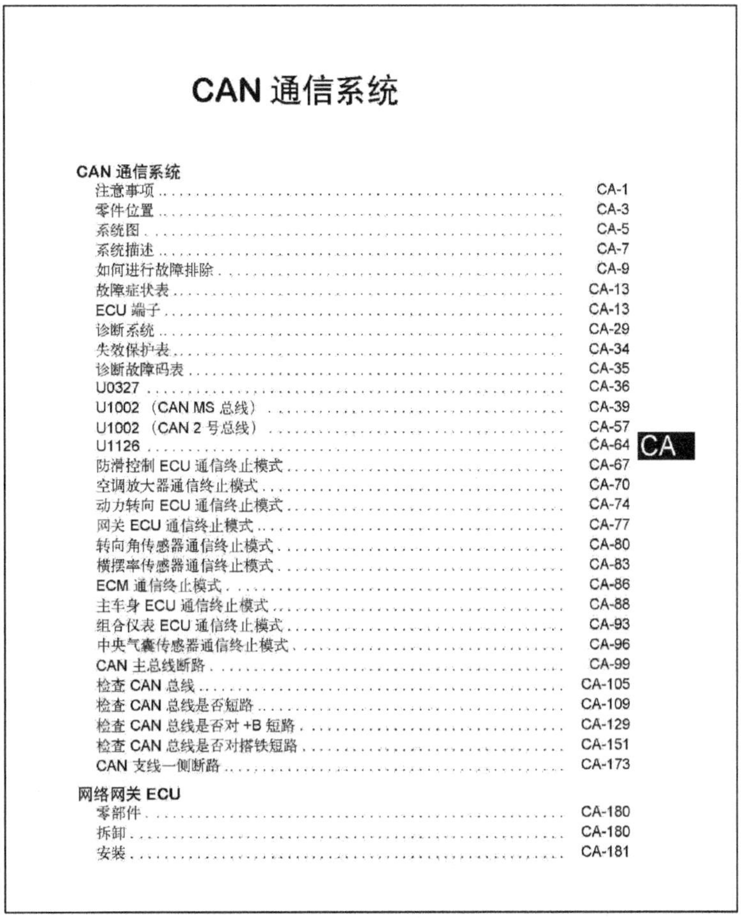

单元四 丰田汽车网络控制模块检测

CAN 通信系统

CAN 通信系统
- 注意事项 CA-1
- 零件位置 CA-3
- 系统图 CA-5
- 系统描述 CA-7
- 如何进行故障排除 CA-9
- 故障症状表 CA-13
- ECU 端子 CA-13
- 诊断系统 CA-29
- 失效保护表 CA-34
- 诊断故障码表 CA-35
- U0327 .... CA-36
- U1002（CAN MS 总线）.................................. CA-39
- U1002（CAN 2 号总线）................................. CA-57
- U1126 .... CA-64
- 防滑控制 ECU 通信终止模式 CA-67
- 空调放大器通信终止模式 CA-70
- 动力转向 ECU 通信终止模式 CA-74
- 网关 ECU 通信终止模式 CA-77
- 转向角传感器通信终止模式 CA-80
- 横摆率传感器通信终止模式 CA-83
- ECM 通信终止模式 CA-86
- 主车身 ECU 通信终止模式 CA-88
- 组合仪表 ECU 通信终止模式 CA-93
- 中央气囊传感器通信终止模式 CA-96
- CAN 主总线断路 CA-99
- 检查 CAN 总线 CA-105
- 检查 CAN 总线是否短路 CA-109
- 检查 CAN 总线是否对 +B 短路 CA-129
- 检查 CAN 总线是否对搭铁短路 CA-151
- CAN 支线一侧断路 CA-173

网络网关 ECU
- 零部件 CA-180
- 拆卸 CA-180
- 安装 CA-181

图 4-1 丰田卡罗拉 CAN 维修手册目录

丰田汽车三种通信结构速率表 表 4-1

项 目	CAN	BEAN	AVC-LAN
通信速率(kbit/s)	500	10	17.8
通信介质	双绞线	单线	双绞线
电气信号种类	差分电压	单线电压	差分电压
数据长度(字节)	1~8(可变)	1~11(可变)	0~32(可变)

根据表 4-1 可以看出，BEAN 网络的数据通信采用单线（通过搭铁形成回路），CAN 和 AVC – LAN 通信采用的是双绞线传输。采用不同的网络形式时信息传输的速率不相同，从表 4-1 中看出，CAN 的传输速率是最快的，所以主要用于底盘电控系统。而 BEAN 和 AVC – LAN 则用于车身电控系统控制，其中 AVC – LAN（AudioVisualCommunication – LocalAreaNetwork）主要是用于音频和视频设备中的通信网络。

由于 CAN、BEAN 和 AVC – LAN 网络传输的速率不同，ECU 之间的连接方式也不同，所以在运行时不能进行直接的数据交换。为此，专门设计了一种被称之为"网关"的模块来完成网络不同的通信协议之间的数据交换。网关的内部结构如图 4-2 所示。

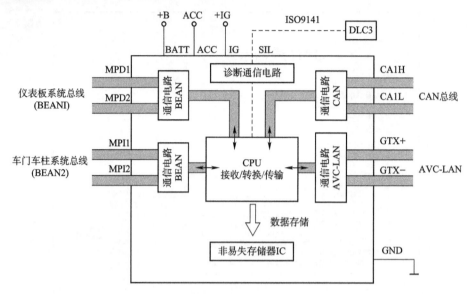

图 4-2 网关的内部结构

(三) 丰田汽车车载网络系统结构

1 雷克萨斯(凌志)轿车网络系统的组成

雷克萨斯 LS430 轿车全车电控单元以网关为中心,设置了几个 BUS 系统,包括:仪表板 BUS、门控 BUS、转向柱 BUS,Back-upBUS 控制转向信号灯、尾灯、制动灯和后雾灯、AVC-LAN。其车身网络通信系统如图 4-3 所示。

2 丰田凯美瑞轿车 CAN 总线系统

新型凯美瑞轿车 CAN 总线系统具有两种不同通信速度的 CAN 总线,分别是高速 CAN 总线 HS-CAN(500kbit/s)和中速 CAN 总线 MS-CAN(250kbit/s)。HS-CAN 由 1 号 CAN 总线和 2 号 CAN 总线组成。

凯美瑞轿车多路通信系统如图 4-4 所示。

凯美瑞轿车总线之间的数据传输如图 4-5 所示。

MS-CAN 由 MS 总线组成。带有网关功能的 ECU 用于总线之间传输数据。CAN 网关 ECU 用于 1 号 CAN 总线和 2 号 CAN 总线之间的数据传输,主体 ECU 用于 1 号 CAN 总线和 MS 总线之间的数据传输。

凯美瑞轿车 1 号 CAN 总线如图 4-6 所示。

凯美瑞轿车 2 号 CAN 总线如图 4-7 所示。

凯美瑞轿车 MS 总线如图 4-8 所示。

凯美瑞轿车总线模块位置图如图 4-9 所示。

只有了解汽车网络的拓扑结构,清楚网络模块的安装位置,才能够根据维修手册的技术说明进行检测和维修。这是现代汽车维修的基本技能要求之一。

3 丰田卡罗拉轿车 CAN 总线系统

丰田卡罗拉 CAN 总线有 2 个 120Ω 的终接电阻器,这里终接电阻器位于组合仪表和

ECM 中,ECM 和组合仪表之间连接 2 个终接电阻器的双绞线为主总线。连接其他 ECU (防滑控制 ECU、组合仪表、主车身 ECU、空调放大器、中央气囊传感器总成、EPSECU、DLC3)的双绞线为支线。

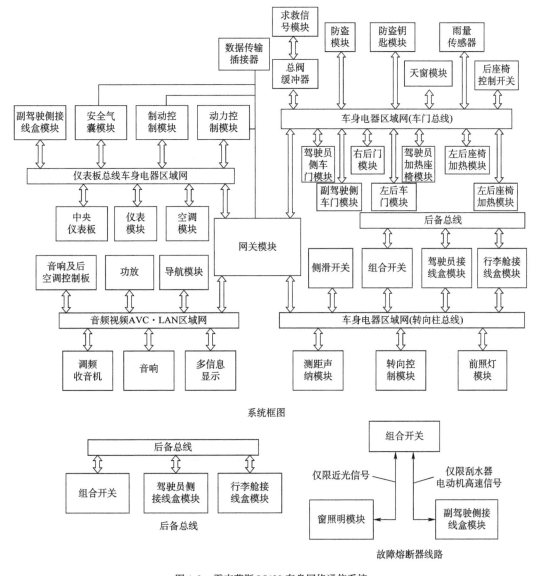

图 4-3 雷克萨斯 LS430 车身网络通信系统

通过 CAN 通信系统进行通信的 ECU 或传感器如下:
(1)防滑控制 ECU。
(2)横摆率传感器(带 VSC)。
(3)转向角传感器(带 VSC)。
(4)主车身 ECU。
(5)中央气囊传感器总成。
(6)ECM。

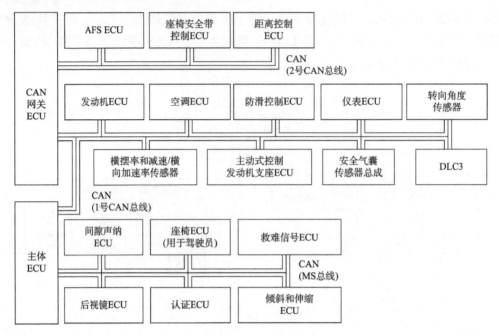

图 4-4 丰田凯美瑞轿车多路通信系统图

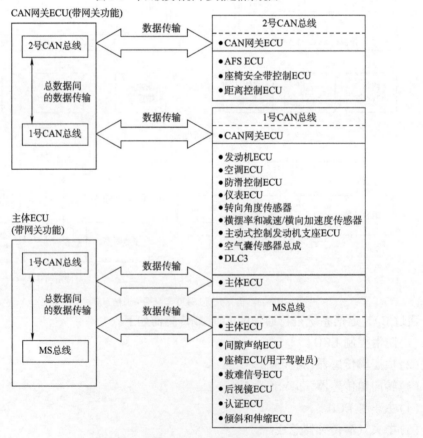

图 4-5 凯美瑞轿车总线之间的数据传输

单元四　丰田汽车网络控制模块检测

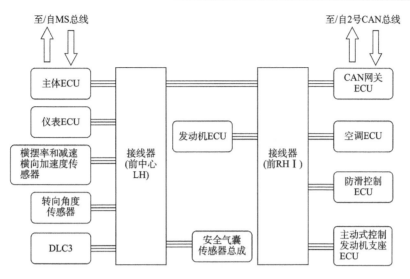

图 4-6　凯美瑞轿车 1 号 CAN 总线

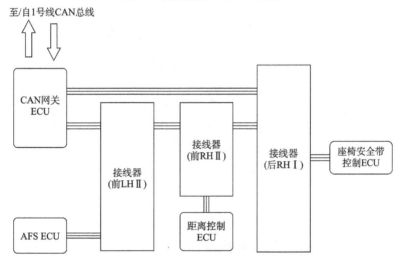

图 4-7　凯美瑞轿车 2 号 CAN 总线

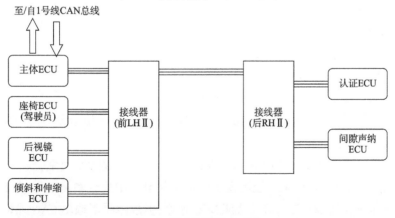

图 4-8　凯美瑞轿车 MS 总线

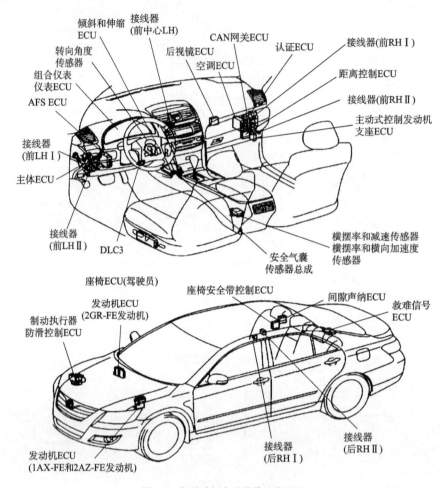

图4-9 凯美瑞轿车总线模块位置图

(7)认证 ECU(带智能上车和起动系统)。

(8)空调放大器。

(9)组合仪表。

(10)动力转向 ECU。

(11)电视摄像机 ECU(带驻车辅助监视系统)。

(12)网络网关 ECU(带驻车辅助监视系统)。

卡罗拉通信模块的安装位置如图 4-10 所示。

汽车故障码的英文缩写为 DTC(DiagnosticTroublecode),丰田卡罗拉的 DTC 含义符合丰田车系的统一规定。

使用智能检测仪读取 CAN 通信系统的 DTC 时,对应的故障原因见表 4-2。

CAN 通信系统与发动机电子控制模块(简称 ECM)、中央气囊传感器、转向角传感器(带 VSC)、横摆率传感器(带 VSC)、认证 ECU 连接,但故障时不输出 CAN 通信 DTC,此时需要参考各个系统的故障码。

单元四 丰田汽车网络控制模块检测

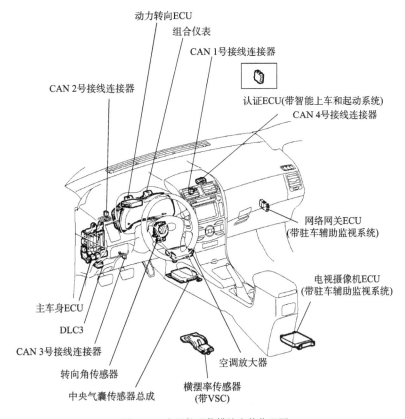

图4-10 卡罗拉通信模块安装位置图

DTC 代码与对应检测项目   表 4-2

控制模块	DTC 编号	对应检测项目	说 明
防滑控制 ECU（不带 VSC）	U0073	控制模块通信总线断开	
防滑控制 ECU（带 VSC）	U0073	控制模块通信总线断开	
	U0100	与 ECM/PCM "A" 失去通信	
	U0123	与横摆率传感器模块失去通信	
	U0124	与横向加速度传感器模块失去通信	
	U0126	与转向角传感器模块失去通信	
空调放大器	B1499	多路通信电路	DTC 仅在当前故障时输出
组合仪表	U0100	与 ECM/PCM "A" 失去通信	
	U0129	与制动系统控制模块失去通信	
动力转向 ECU	U0100	与 ECM 失去通信	
	U0129	与防抱死制动系统（ABS）控制模块失去通信	
主车身 ECU	U0327	软件与车辆安全控制模块不兼容	
	U1002	与网关模块失去通信	
网络网关 ECU	U1002	与网关模块失去通信	
	U1126	与电视摄像机 ECU 失去通信	
电视摄像机 ECU	5C-42	转向角传感器通信故障	

在卡罗拉的系统设计中,如果任一 CAN 总线(指通信线束)由于短路或者其他原因出现通信线路故障时,每个子系统特有的失效保护功能立即启动,维持该系统的最低允许工作状态,防止系统运行故障。具体的部件、系统功能及通信失败对这些功能的影响三者之间的关系可以从维修手册中查阅。

在维修手册中,可以查阅 CAN 通信系统主线上所连接的各个控制模块在"通信终止"情况下的检测流程。这是丰田汽车公司为 CAN 通信系统故障状态下确定的标准检查方法,也是维修过程中必须遵守的技术规范。

❹ 丰田卡罗拉汽车 LIN 总线介绍

LIN 的主要其用途是传输开关设置状态及对开关变化响应,因此通信事件是在 100ms 以上时间内发生,为现有汽车网络(例如 CAN 总线)提供辅助功能在不需要 CAN 总线的带宽和多功能的场合,比如智能传感器和制动装置之间的通信,使用 LIN 总线可大大节省成本。

丰田卡罗拉汽车的 LIN 总线认证系统如图 4-11 所示。

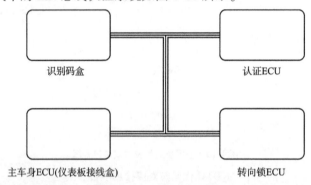

图 4-11 卡罗拉 LIN 认证系统

丰田卡罗拉 LIN 总线系统用来控制车身系统 ECU 之间的通信,属于低端网络。如果由于通信线路的断路或其他原因而不能通过 LIN 进行通信时,相关系统的主控制 ECU 将产生相应的故障码。

(四)丰田专用诊断设备 IT2 简介

IT2(Intelligent Tester Ⅱ)智能检测仪是丰田汽车专用的诊断设备,通过数据链路电缆连接与车辆测数据链路连接器(DLC3)连接后,可以读取汽车运行过程中的各种数据。也可以阅读工作状态下可能的各种故障码,通过智能导航,为汽车故障的定位提供帮助。

IT2 智能检测仪是一个系统,由硬件和应用软件两部分组成。

❶ IT2 主要硬件构成

(1) IT2 智能检测仪主机如图 4-12 所示。

(2) CF 卡用来保存检测数据,如图 4-13 所示。

另外还包括 DLC3 电缆、电压检测探头、示波器探头、USB 电缆、AC/DC(交/直流)电源等附件。

图 4-12 IT2 主机

单元四　丰田汽车网络控制模块检测

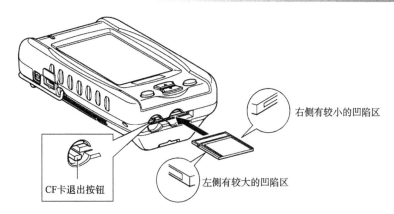

图 4-13　CF 卡安装位置

❷ IT2 端口及系统连接说明

IT2 主机端口说明，如图 4-14 所示。

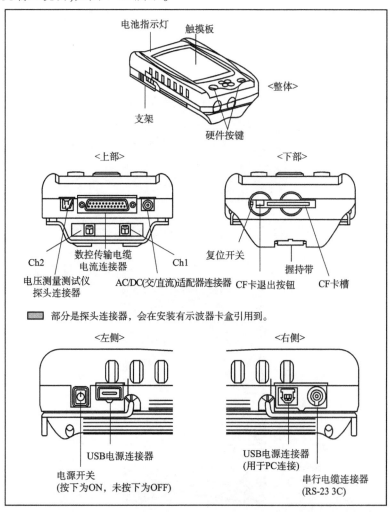

图 4-14　IT2 主机端口说明

IT2 与车辆连接,如图 4-15 所示。

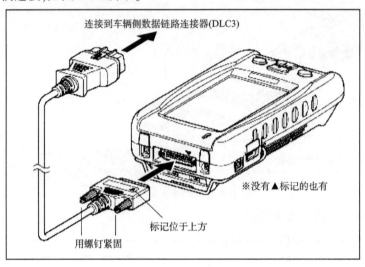

图 4-15　IT2 与车辆连接

❸ 基本操作

(1)将 IT2 与车辆连接,按下电源开关,如图 4-16、图 4-17 所示。

图 4-16　按下电源开关

图 4-17　开机界面

单元四　丰田汽车网络控制模块检测

（2）起动车辆，选择 IT2 界面上的"自动按钮"，让智能检测仪自动识别车辆。然后选择车型和系统。如图 4-18 所示。

（3）单击主菜单上"DTC"按钮，读取故障码，如图 4-19 所示。

IT2 有一个总线检查菜单，可以检测在线的 ECU 模块和通信系统的 DTC，选择菜单上不同的选项可以对网络的运行状况进行判断，如图 4-20 所示。

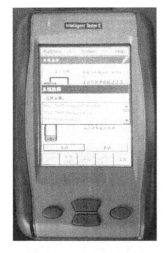

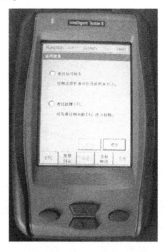

图 4-18　开机选择车辆　　　　　图 4-19　读取故障码　　　　　图 4-20　总线检查菜单

IT2 智能诊断仪是一种功能强大的专用设备，在使用中，应该参照使用说明书进行操作，达到正确和高效利用的目的。

二　丰田 CAN 通信系统的故障排除

（一）丰田 CAN 通信系统检修时应该注意的事项

1　通信线路的维修方法

丰田 CAN 通信系统采用双绞线进行数据传输。两根互相扭绕的 CAN-L 和 CAN-H 导线必须始终安装在一起。CAN-H 和 CAN-L 之间的长度差应小于 100mm。

图 4-21 表示当互相扭绕的 CANL 和 CANH 导线中的一根出现断路时，可以对导线进行焊接维修，然后用绝缘胶带缠绕维修部位。安装时，应确保将它们再缠绕在一起。如果未将 CAN 总线扭绕在一起，则导线将容易受到电子噪声干扰。

维修时，不能采用图 4-22 这样的旁通线连接，此时双绞线就失去了抗干扰的作用。

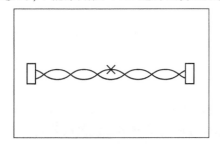
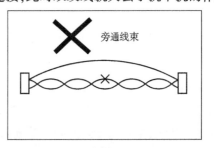

图 4-21　总线的维修　　　　　　　　图 4-22　总线维修的错误的连接

如图4-23所示,表示用检测仪测量电阻时的连接方法,应该从线速插头后面插入探针。

如果探针不能从线速插头后面插入时,可使用外接线连接器。如图4-24所示。

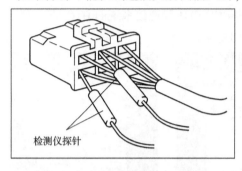 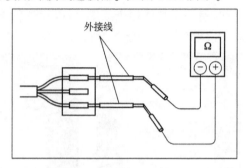

图4-23 用检测仪测量电阻的方法　　　　图4-24 用检测仪测量电阻的方法

❷ ECU 端子的测量

测量 CAN 总线主线和 CAN 总线支线的电阻之前,首先将点火开关置于 OFF 位置。

将点火开关置于 OFF 位置后,检查并确认钥匙提醒警告系统和照明系统未处于工作状态。

测量电阻之前,还应使车辆保持原来状态至少 1min,不要操作点火开关和任何其他开关或车门。如果需要打开任何车门以检测连接器,则打开该车门并让它保持打开。在操作点火开关、任何其他开关或车门会时,触发相关的 ECU 和传感器进行 CAN 通信。该通信将会导致电阻值发生变化,对测量结果的准确性产生影响。

❸ 查或更换 CAN 接线连接器

如果从车辆上拆下 CAN 接线连接器来进行检查或更换,要确保用胶带和卡夹将 CAN 接线连接器和所有的线束装回原位。

(二) 丰田 CAN 通信系统故障排除流程

丰田汽车的维修手册中,详细说明了对于故障的检测流程。在维修过程中,严格遵守维修手册的技术规范,执行标准的诊断流程。这是快速、高效的消除汽车故障的必要前提,也是维修人员必须养成的技能习惯。

❶ 了解 CAN 通信系统模块之间的物理连接

丰田卡罗拉汽车的 CAN 总线接线连接器是构成网络系统的主要部件,如图4-25～图4-27 所示。

从图4-34～图4-36中,可以清楚地了解到各个电控模块之间的连接关系,据此可以进行相关的链路检测,进行故障定位。

❷ 故障定位操作流程图

在汽车网络故障诊断时,流程图可以清楚地表示出"已经做了什么"、"正在做什么"、和"还应该做什么"。这样明确、清晰的思维导向对于网络系统的故障定位是很有帮助的。

单元四　丰田汽车网络控制模块检测

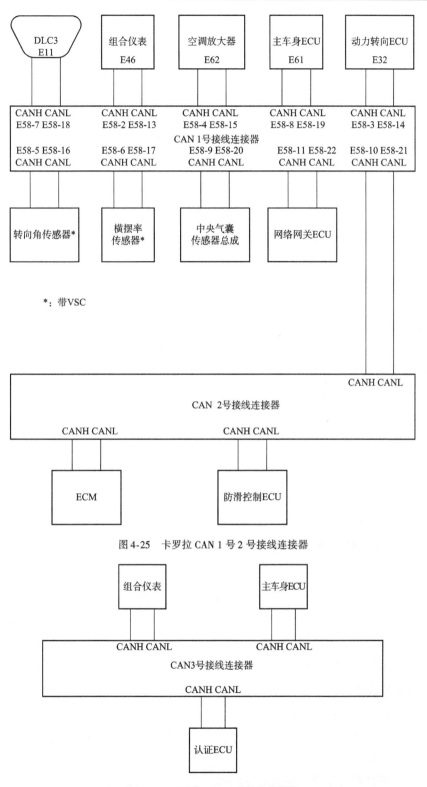

图 4-25　卡罗拉 CAN 1 号 2 号接线连接器

图 4-26　卡罗拉 CAN 3 号接线连接器

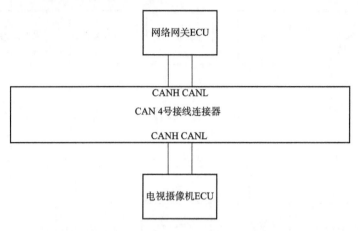

图 4-27 卡罗拉 CAN 4 号接线连接器

图 4-28 所示为丰田卡罗拉汽车进行通信系统故障排除的标准流程图的前半部分。一个完整的通信系统诊断过程可分解成为 10 个步骤,具体如下:

步骤 1　检查和清除 DTC。　　　　步骤 6　电路检查。
步骤 2　检查智能检测仪。　　　　步骤 7　故障识别。
步骤 3　检查 CAN1 号总线。　　　步骤 8　维修或更换。
步骤 4　重新检查 DTC。　　　　　步骤 9　确认测试
步骤 5　DTC 组合表。　　　　　　步骤 10　诊断结束。

详细的故障诊断流程和方法,将在具体实例中介绍。

三　丰田卡罗拉 CAN 通信系统故障检修

关于 CAN 通信系统故障检修方法的阐述通过具体的实例操作进行说明,重点是掌握在 CAN 通信系统异常或者出现故障码时,如何选择相应的检测手段进行故障定位。

(一)丰田卡罗拉动力 CAN 总线系统模块检测实例

1 情境描述

一辆丰田卡罗拉故障轿车,利用 IT2 智能诊断仪的通信总线检查屏幕上未显示"Engine",查阅维修手册的"通信终止模式表",提示可疑部位为"ECM 通信终止模式"。另有一辆丰田卡罗拉轿车,利用 IT2 智能诊断仪的通信总线检查屏幕上未显示"Main body",查阅维修手册的"通信终止模式表",提示可疑部位为"主车身 ECU 通信终止模式"。

2 检测与诊断

(1) ECM 通信终止模式下的故障检测步骤如下。

第一步　将 IT2 连接卡罗拉实训汽车,建立通信之后点击"通信总线检查"选项,再点击"进入",如图 4-29 所示。

第二步　读取检查结果。如图 4-30 所示。

第三步　分析 IT2 检查结果,ECM 模块不在总线上(或者是不能与总线通信)。

单元四 丰田汽车网络控制模块检测

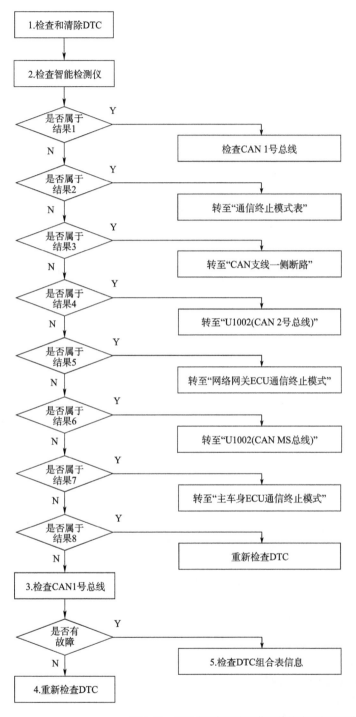

图 4-28 丰田卡罗拉汽车通信系统故障诊断流程举例

第四步 查阅 ECM 电路图资料。如图 4-31 所示。

从图 4-31 可见,ECM 是通过 CAN 2 号接线连接器和 CAN 1 号接线连接器接入 CAN 总线主线,然后连接到 DLC3。

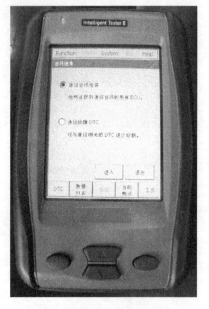 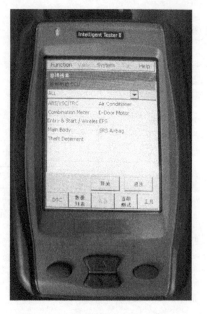

图4-29 通信总线检查图　　图4-30 通信总线检查结果无 Engine

- - - - - ：CAN总线主线(CANH)
──────：CAN总线主线(CANL)
- - - - - ：CAN总线支线(CANH)
──────：CAN总线支线(CANL)

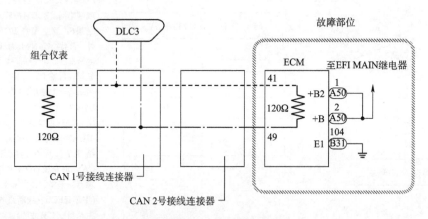

图4-31 ECM电路图

第五步　用电阻法检查 CAN1 号总线主线是否断路(ECM 主线)。

第六步　查阅 A50 插座针脚图并用数字万用表检测 CANH 与 CANL 间电阻值。A50 连接器如图 4-32 所示。

操作步骤：

①将点火开关置于 OFF 位置。

②断开 ECM 连接器。

③测量 A50 - 41(CANH)—A50 - 49(CANL)间的电阻。

单元四 丰田汽车网络控制模块检测

正常的测量结果应该是 108~132Ω。

④如果测量结果不在此范围内,应维修或更换线束或连接器。

⑤如果正常,应检查线束和 ECM 电源电路(蓄电池系统)。

⑥如果上述两点都没有问题,应该更换 ECM。

按照上述流程操作之后,用 IT2 重新进行"通信总线检查",正常的结果如图 4-33 所示。

(2)主车身 ECU 通信终止模式下的故障检测:

第一步 将 IT2 连接卡罗拉实训汽车,建立通信之后点击"通信总线检查"选项,再点击"进入"(图 4-29)。

第二步 读取检查结果。如图 4-34 所示。

线束连接器前视图(至ECM):

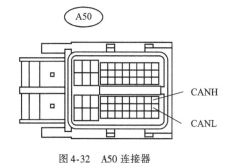

图 4-32 A50 连接器

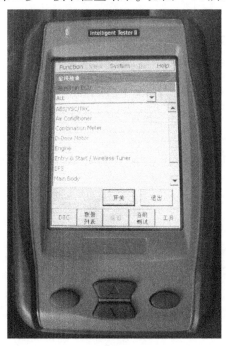

图 4-33 总线检查结果正常

图 4-34 通信总线检查结果无 Main Body

第三步 分析 IT2 检查结果,主车身 ECU 模块(Main Body)不在总线上(或者是不能与总线通信)。

第四步 查阅主车身 ECU 电路图资料,如图 4-35 所示。

从图 4-35 可见,主车身 ECU 在仪表板接线盒内,通过主车身 ECU 支线接入 CAN 总线主线,然后连接到 DLC3。

第五步 用电阻法检查 CAN 总线是否断开(主车身 ECU 支线)。

相关"注意事项"和"原因说明"可见本实例"(1)"中"第五步"。

带智能上车和起动系统或自动灯控系统：

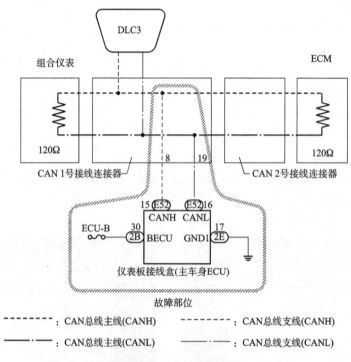

图 4-35 主车身 ECU 电路图

第六步 查阅 E52 插座针脚图并用数字万用表检测 CAN-H 与 CAN-L 间电阻值，如图 4-36 所示。

操作步骤：

①将点火开关置于 OFF 位置。

②断开主车身 ECU。

③测量 E52-15（CANH）—E52-16（CANL）间的电阻。

正常的测量结果应该是 54~69Ω。

如果测量结果不在此范围内，应维修或更换 CAN 总线支线或连接器（主车身 ECU 支线）；

上述检测结果如果正常，应进入下一步，检查线束和连接器（BECU，IG，GND1）。

第七步 检查线束和连接器（BECU，IG，GND1）。

查阅连接器针脚图，如图 4-37 所示。

第八步 用电阻法和电压法进行检测。

操作步骤：

①断开仪表板接线盒连接器。

②测量 2E-17（GND1）—车身搭铁电阻。检测结果应该小于 1Ω。

③测量 2B-30（BECU）—车身搭铁电压。检测结果应该在 10~14V。

上述第八步的操作结果如果不在正常范围之内时,应该维修或更换线束或连接器;如果在正常范围之内时,应该更换仪表板接线盒(主车身 ECU)。

按照上述流程操作完成之后,用 IT2 重新进行"通信总线检查",正常的结果同样如图 4-49 所示,"Main Body"应该被检测到。

线束连接器前视图(至仪表板接线盒):

线束连接器前视图(至主车身ECU):

带智能上车和起动系统
或自动灯控系统:

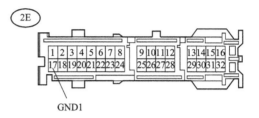

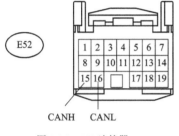

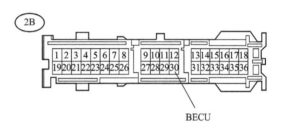

图 4-36　E52 连接器　　　　　　　　图 4-37　至仪表板接线盒连接器针脚图

❸ 实例学习目标

根据维修手册的技术说明和维修流程,按照情景描述中的故障内容,进行程序化检测。根据检测的结果,逐步进行判断,确定故障发生区域。以规范化的操作和逻辑性的思考方式,达到快速、高效的定位故障点。通过上述操作,养成良好的技能习惯。

❹ 安全注意事项

(1)遵守实训车间规章制度,未经许可,不得移动和拆卸仪器与设备。

(2)在实车上进行练习时,严禁擅自起动发动机。必须事先做好各种安全、防范措施。实训教师要加强责任性,教学中不可随意离开实训设备。

(3)汽车实车信号检测中有高电压、大电流甚至高温区存在,线束插座的拆装必须小心谨慎,检测时车辆必须熄火。应该建立起注意安全的意识。

(4)注意严格执行系统模块检测流程操作规定,防止误操作导致的设备损坏。

(二)丰田卡罗拉故障码 U1002(CAN MS 总线)的检修实例

❶ 情景描述

一辆丰田卡罗拉,主车身 ECU 不能接收到来被存储为连接到 CANMS 总线的所有 ECU 的信号。故障码为"U1002"。

❷ 检测与诊断

(1)初步现象分析。根据卡罗拉车载网络系统图分析,主车身 ECU 模块是连接在网络主线之上的。许多安装在车辆上的 ECU(传感器)通过信息共享和相互通信进行工作。主总线是总线(通信线路)上介于两个终端电阻器之间的线束。它是 CAN 通信系统的主总线。CAN 通信系统由通过主车身 ECU 连接至各个系统的 CAN 1 号总线和 MS 总线组成。

当主车身 ECU 接收到来自连接到 CAN MS 总线的 ECU 的响应信号时,主车身 ECU 识别并存储连接到 CAN MS 总线的 ECU。根据这些存储的数据,当与那些 ECU 通信时,主车身 ECU 监视连接到 CANMS 总线的 ECU 中的故障。如果主车身 ECU 不能接收到来自已存储为连接到 CAN MS 总线的 ECU 的响应信号,则主车身 ECU 部分判定可能存在故障。

(2)查阅维修手册。对于故障码 U1002 的描述为"CAN MS 总线与网关模块失去通信(主车身 ECU)"。此时的故障发生区域应该被判定在可能的供电回路、网络主线的链路或者主车身 ECU 模块节点方面。如图 4-38 所示。

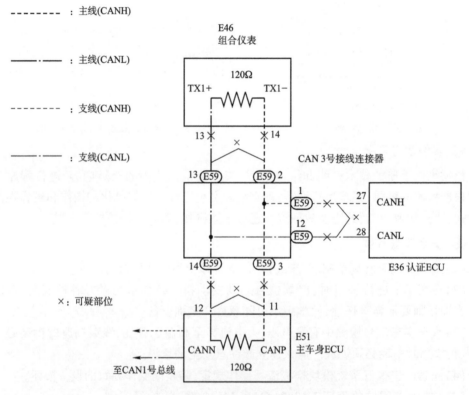

图 4-38 主车身 ECU 网络

(3)故障检测流程。根据维修手册中的技术说明,确定检测流程如图 4-39 ~ 图 4-43 所示。

(4)根据维修手册中的说明,可能的故障部位如下:
①CAN MS 总线主线或连接器断路或短路。
②CAN MS 总线支线或连接器断路或短路。

单元四 丰田汽车网络控制模块检测

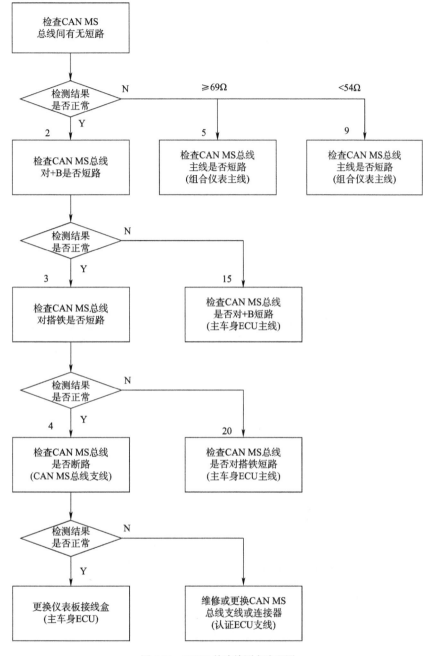

图 4-39 U1002 故障检测主流程图

③认证 ECU。
④组合仪表。
⑤主车身 ECU。
⑥CAN 3 号接线连接器。

查阅维修手册,针对 U1002(CAN MS 总线)的检修,制造商设计了 24 个检测程序。根据每一个程序的执行结果判断,确定下一步应该执行的检测(或者操作)内容,最终完

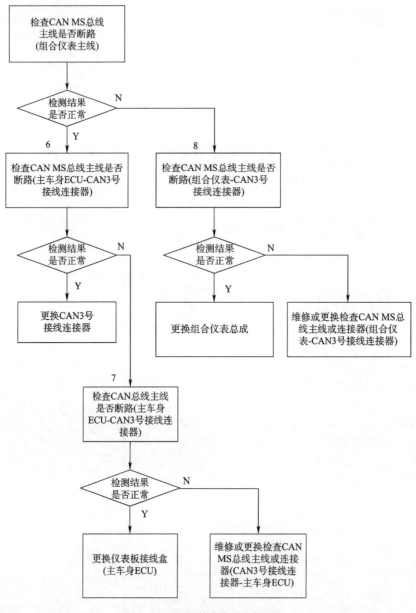

图 4-40 U1002 故障检测子流程图 1

成故障定位。

检测流程分为三个部分:

第一部分,执行通用型准备程序。

第一步 经查阅,主车身 ECU 的安装位置应该在仪表板左侧靠近 ODB – Ⅱ 插座的地方,如图 4-44 所示。观测主车身 ECU 附近及模块,有无受损或者维修过的痕迹,确认没有事故或者人为因素的可能。

如果有,应该先检查一下有无外观上的损伤导致的故障产生。

单元四 丰田汽车网络控制模块检测

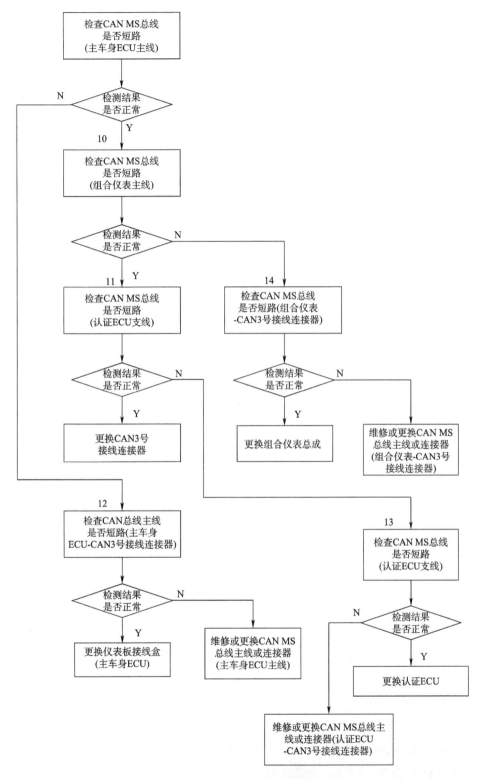

图4-41 U1002 故障检测子流程图2

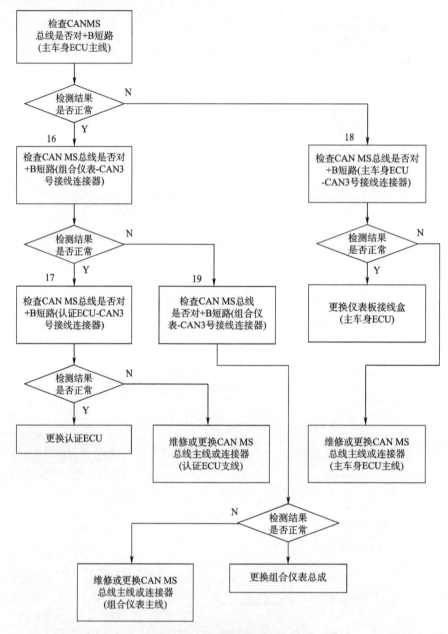

图 4-42　U1002 故障检测子流程图 3

第二步　检测蓄电池电压和模块供电电压,排除因电源因素导致的故障产生。

第三步　确认进一步检查之前的环境要求。

第二部分,将点火开关置于 OFF 位置,车辆静止 1min。

第三部分,执行专门化检测程序模块。

说明:除了检测模块 1 之外,其后的操作选择应根据上一个检测模块的执行结果确定。

检测模块 1:检查 CAN MS 总线线路。

连接器针脚图如图 4-45 所示。

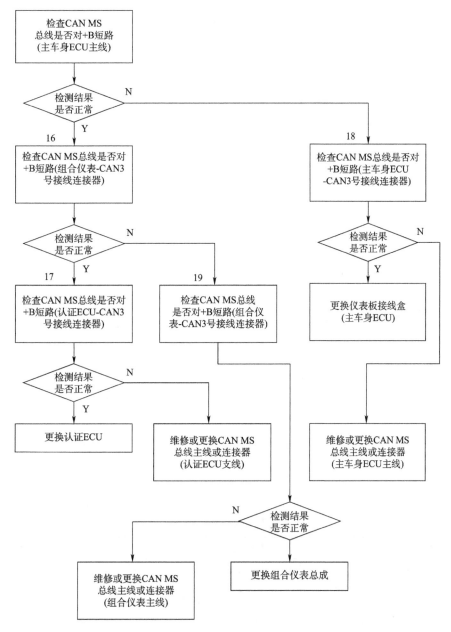

图 4-43 U1002 故障检测子流程图 4

采用电阻法检测,检测内容见表 4-3。

说明:

处理办法 A. 执行检测模块 2(检查 CAN MS 总线线路是否对 +B 短路)。

处理办法 B. 执行检测模块 5[检查 CAN MS 总线主线是否断路(组合仪表主线)]。

处理办法 C. 执行检测模块 9[检查 CAN MS 总线是否短路(主车身 ECU 主线)]。

检测模块 2:检查 CAN MS 总线线路是否对 +B 短路。

连接器针脚图如图 4-46 所示。

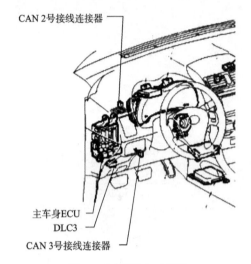

图 4-44　主车身 ECU 网络

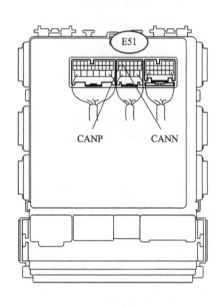

有线束连接的零部件(主车身ECU)

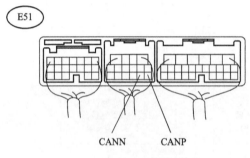

图 4-45　主车身 ECU 测量针脚图

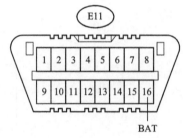

图 4-46　主车身 ECU 测量针脚图

电阻法检测内容　　　　　　　　　　　　　　表 4-3

检 测 点	检测条件	检测结果	处理办法
E51-11(CANP)—E51-12(CANN)	点火开关置于 OFF 位置	54～69Ω	A
E51-11(CANP)—E51-12(CANN)	点火开关置于 OFF 位置	≥69Ω	B
E51-11(CANP)—E51-12(CANN)	点火开关置于 OFF 位置	<54Ω	C

采用电阻法检测,测量内容见表 4-4。

电阻法检测内容　　　　　　　　　　　　　　表 4-4

检 测 点	检测条件	检测结果
E51-11(CANP)—E11-16(BAT)	断开蓄电池负极端子	≥6kΩ
E51-12(CANN)—E11-16(BAT)	断开蓄电池负极端子	≥6kΩ

结果正常:执行检测模块 3(检查 CAN MS 总线线路是否对搭铁短路)。

结果异常:执行检测模块 15[检查 CAN MS 总线是否对 +B 短路(主车身 ECU 主线)]。

检测模块 3:检查 CAN MS 总线线路是否对搭铁短路。

连接器针脚图如图 4-47 所示。

有线束连接的零部件(主车身ECU)

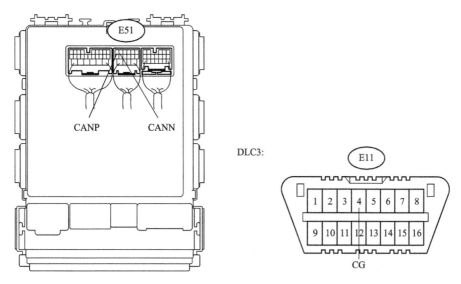

图 4-47 主车身 ECU 测量针脚图

采用电阻法检测,测量内容见表 4-5。

电阻法检测内容表　　　表 4-5

检 测 点	检 测 条 件	检 测 结 果
E51-11(CANP)—E11-4(CG)	点火开关置于 OFF 位	≥200Ω
E51-12(CANN)—E11-4(CG)	点火开关置于 OFF 位	≥200Ω

结果正常:执行检测模块 4[检查 CAN MS 总线是否断路(CAN MS 总线支线)]。

结果异常:执行检测模块 20[检查 CAN MS 总线是否对搭铁短路(主车身 ECU 主线)]。

检测模块 4:检查 CAN MS 总线是否断路(CAN MS 总线支线)。

检查认证 ECU 总线支线。

连接器针脚图如图 4-48 所示。

①将认证 ECU 连接器从认证 ECU 上断开。

采用电阻法检测,测量内容见表 4-6。

电阻法检测内容　　　表 4-6

检 测 点	检 测 条 件	检 测 结 果
E36-27(CANH)—E36-28(CANL)	点火开关置于 OFF 位置	54~69 Ω

结果正常:更换仪表板接线盒(主车身 ECU)。

结果异常:维修或更换 CAN MS 总线支线或连接器(认证 ECU 支线)。

检测模块 5:检查 CAN MS 总线主线是否断路(组合仪表主线)。

连接器针脚图如图 4-49 所示。

②断开 CAN 3 号接线连接器。

线束连接器前视图:(至认证ECU)

线束连接器前视图:
(至CAN 3号接线连接器)

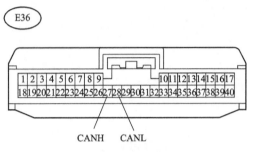

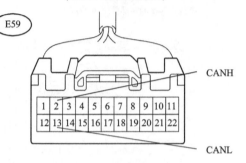

图4-48　E36测量针脚图

图4-49　E59测量针脚图

采用电阻法检测,测量内容见表4-7。

电阻法检测内容　　　　　　　　　　　　表4-7

检 测 点	检 测 条 件	检 测 结 果
E59-2(CANH)—E59-13(CANL)	点火开关置于OFF位置	108~132Ω

线束连接器前视图:
(至CAN 3号接线连接器)

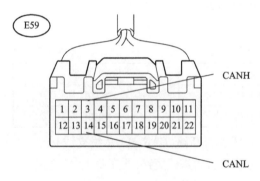

图4-50　E59测量针脚图

结果正常:执行检测模块6-[检查CAN MS总线主线是否断路(主车身ECU—CAN 3号接线连接器)]。

结果异常:执行检测模块8[检查CAN MS总线主线是否断路(组合仪表—CAN 3号接线连接器)]。

检测模块6:检查CAN MS总线主线是否断路(主车身ECU—CAN 3号接线连接器)。

连接器针脚图如图4-50所示。

③断开CAN 3号接线连接器。

采用电阻法检测,检测内容见表4-8。

电阻法检测内容　　　　　　　　　　　　表4-8

检 测 点	检 测 条 件	检 测 结 果
E59-3(CANH)—E59-14(CANL)	点火开关置于OFF位置	108~132Ω

结果正常:更换CAN 3号接线连接器。

结果异常:执行检测模块7[检查CAN总线主线是否断路(主车身ECU—CAN 3号接线连接器)]。

检测模块7:检查CAN总线主线是否断路(主车身ECU – CAN 3号接线连接器)。

连接器针脚图如图4-51所示。

④重新连接CAN 3号接线连接器。

⑤将主车身ECU连接器从主车身ECU上断开。

采用电阻法检测,检测内容见表4-9。

线速连接器前视图:(至主车身ECU)

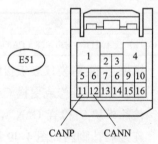

图4-51　E51测量针脚图

单元四　丰田汽车网络控制模块检测

电阻法检测内容　　　　　　　　　　　　　　　　　　　　　表 4-9

检 测 点	检 测 条 件	检 测 结 果
E51-11(CANP)—E51-12(CANN)	点火开关置于 OFF 位置	108~132Ω

结果正常:更换仪表板接线盒(主车身 ECU)。

结果异常:维修或更换 CAN MS 总线主线或连接器(CAN 3 号接线连接器—主车身 ECU)。

检测模块 8:检查 CAN MS 总线主线是否断路(组合仪表—CAN 3 号接线连接器)。

连接器针脚图如图 4-52 所示。

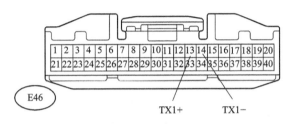

图 4-52　E46 测量针脚图

⑥重新连接 CAN 3 号接线连接器。

⑦断开组合仪表连接器。

采用电阻法检测,检测内容见表 4-10。

电阻法检测内容　　　　　　　　　　　　　　　　　　　　　表 4-10

检 测 点	检 测 条 件	检 测 结 果
E46-13(TX1+)—E46-14(TX1-)	点火开关置于 OFF 位置	108~132Ω

结果正常:更换组合仪表总成。

结果异常:维修或更换 CAN MS 总线主线或连接器(组合仪表—CAN 3 号接线连接器)。

检测模块 9:检查 CAN MS 总线是否短路(主车身 ECU 主线)。

连接器针脚图如图 4-53 所示。

⑧断开 CAN 3 号接线连接器。

采用电阻法检测,检测内容见表 4-11。

电阻法检测内容　　　　　　　　　　　　　　　　　　　　　表 4-11

检 测 点	检 测 条 件	检 测 结 果
E59-3(CANH)—E59-14(CANL)	点火开关置于 OFF 位	108~132Ω

结果正常:执行检测模块 10[检查 CAN MS 总线是否短路(组合仪表主线)]。

结果异常:执行检测模块 12[检查 CAN 总线主线是否短路(主车身 ECU—CAN 3 号接线连接器)]。

检测模块 10:检查 CAN MS 总线是否短路(组合仪表主线)。

连接器针脚图如图 4-54 所示。

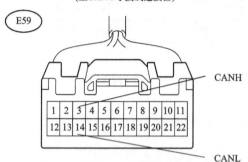

图 4-53 E59 测量针脚图

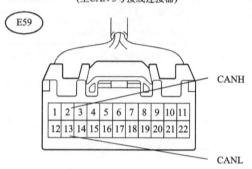

图 4-54 E59 测量针脚图

⑨断开 CAN 3 号接线连接器。

采用电阻法检测,检测内容见表 4-12。

电阻法检测内容　　　　　　　　　　　表 4-12

检 测 点	检 测 条 件	检 测 结 果
E59-2(CANH)—E59-13(CANL)	点火开关置于 OFF 位置	108~132Ω

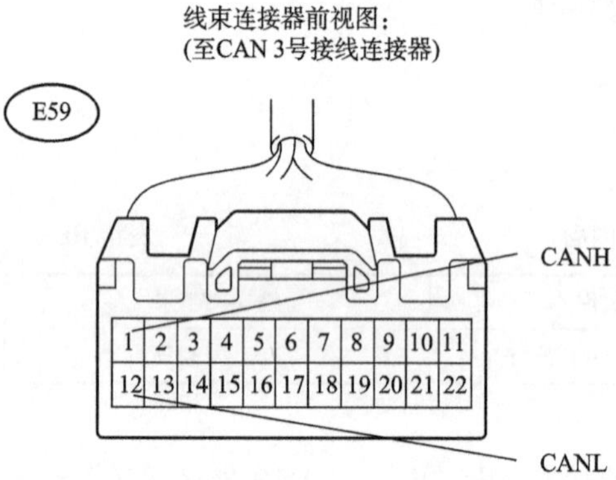

结果正常:执行检测模块 11[检查 CAN MS 总线是否短路(认证 ECU 支线)]。

结果异常:执行检测模块 14(检查 CAN MS 总线是否短路[组合仪表—CAN 3 号接线连接器)]。

检测模块 11:检查 CAN MS 总线是否短路(认证 ECU 支线)。

连接器针脚图如图 4-55 所示。

⑩断开 CAN 3 号接线连接器。

采用电阻法检测,检测内容见表 4-13。

电阻法检测内容　　　　　　　　　　　表 4-13

检 测 点	检 测 条 件	检 测 结 果
E59-1(CANH)—E59-12(CANL)	点火开关置于 OFF 位置	≥1MΩ

图 4-55 E59 测量针脚图

结果正常:更换 CAN 3 号接线连接器。

结果异常:执行检测模块 13[检查 CAN MS 总线是否短路(认证 ECU 支线)]。

检测模块 12:检查 CAN 总线主线是否短路(主车身 ECU-CAN 3 号接线连接器)。

连接器针脚图如图 4-56 所示。

⑪重新连接 CAN 3 号接线连接器;

⑫将主车身 ECU 连接器从主车身 ECU 上断开。

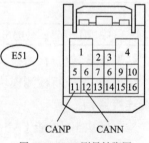

图 4-56 E51 测量针脚图

采用电阻法检测,检测内容见表 4-14。

电阻法检测内容　　　　　　　　　　　　　　　　　表 4-14

检 测 点	检 测 条 件	检 测 结 果
E51 – 11(CANP)—E51 – 12(CANN)	点火开关置于 OFF 位置	108 ~ 132Ω

结果正常:更换仪表板接线盒(主车身 ECU)。

结果异常:维修或更换 CAN MS 总线主线或连接器(主车身 ECU 主线)。

检测模块 13:检查 CAN MS 总线是否短路(认证 ECU 支线)。

连接器针脚图如图 4-57 所示。

⑬断开认证 ECU 连接器。

采用电阻法检测,检测内容见表 4-15。

电阻法检测内容　　　　　　　　　　　　　　　　　表 4-15

检 测 点	检 测 条 件	检 测 结 果
E59 – 1(CANH)—E59 – 12(CANL)	点火开关置于 OFF 位置	≥1MΩ

结果正常:更换认证 ECU;

结果异常:维修或更换 CAN MS 总线支线或连接器(认证 ECU—CAN 3 号接线连接器)。

检测模块 14:检查 CAN MS 总线是否短路(组合仪表—CAN 3 号接线连接器)。

连接器针脚图如图 4-58 所示。

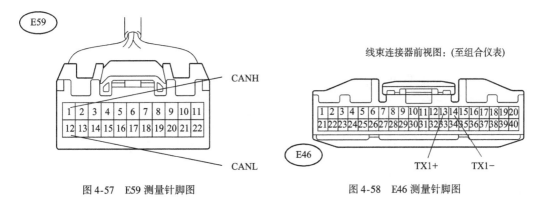

图 4-57　E59 测量针脚图　　　　　　图 4-58　E46 测量针脚图

⑭重新连接 CAN 3 号接线连接器。

⑮断开组合仪表连接器。

采用电阻法检测,检测内容见表 4-16。

电阻法检测内容　　　　　　　　　　　　　　　　　表 4-16

检 测 点	检 测 条 件	检 测 结 果
E46 – 13(TX1 +)—E46 – 14(TX1 –)	点火开关置于 OFF 位置	108 ~ 132Ω

结果正常:更换组合仪表总成。

结果异常:维修或更换 CAN MS 总线主线或连接器(组合仪表—CAN 3 号接线连接器)。

检测模块 15:检查 CAN MS 总线是否对 +B 短路(主车身 ECU 主线)。

连接器针脚图如图 4-59 所示。

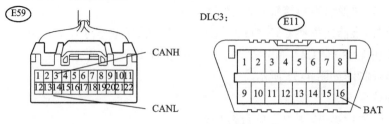

图 4-59　E59,E11 测量针脚图

断开 CAN 3 号接线连接器。

采用电阻法检测,检测内容见表 4-17。

电阻法检测内容　　　　　　　　　　　表 4-17

检测点	检测条件	检测结果
E59-3(CANH)—E11-16(BAT)	断开蓄电池负极端子	≥6kΩ
E59-14(CANL)—E11-16(BAT)	断开蓄电池负极端子	≥6kΩ

结果正常:执行检测模块 16(检查 CAN MS 总线是否对 +B 短路[组合仪表—CAN 3 号接线连接器)]。

结果异常:执行检测模块 18[检查 CAN MS 总线是否对 +B 短路(主车身 ECU—CAN 3 号接线连接器)]。

检测模块 16:检查 CAN MS 总线是否对 +B 短路(组合仪表—CAN 3 号接线连接器)。

连接器针脚图如图 4-60 所示。

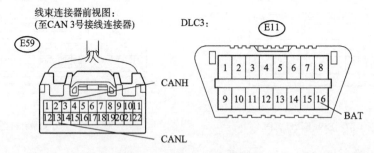

图 4-60　E59,E11 测量针脚图

断开 CAN 3 号接线连接器。

采用电阻法检测,测量内容见表 4-18。

电阻法检测内容　　　　　　　　　　　表 4-18

检测点	检测条件	检测结果
E59-2(CANH)—E11-16(BAT)	断开蓄电池负极端子	≥6kΩ
E59-13(CANL)—E11-16(BAT)	断开蓄电池负极端子	≥6kΩ

结果正常:执行检测模块17[检查CAN MS总线是否对+B短路(认证ECU—CAN 3号接线连接器)]。

结果异常:执行检测模块19[检查CAN MS总线是否对+B短路(组合仪表—CAN 3号接线连接器)]。

检测模块17:检查CAN MS总线是否对+B短路(认证ECU—CAN 3号接线连接器)。

连接器针脚图如图4-61所示。

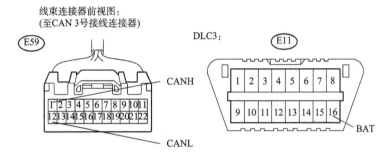

图4-61 E59,E11 测量针脚图

断开CAN 3号接线连接器,断开认证ECU连接器。

采用电阻法检测,检测内容见表4-19。

电阻法检测内容 表4-19

检 测 点	检 测 条 件	检 测 结 果
E59-1(CANH)—E11-16(BAT)	断开蓄电池负极端子	≥6kΩ
E59-12(CANL)—E11-16(BAT)	断开蓄电池负极端子	≥6kΩ

结果正常:更换认证ECU;

结果异常:维修或更换CAN MS总线支线或连接器(认证ECU支线)。

检测模块18:检查CAN MS总线是否对+B短路(主车身ECU—CAN 3号接线连接器)。

连接器针脚图如图4-62所示。

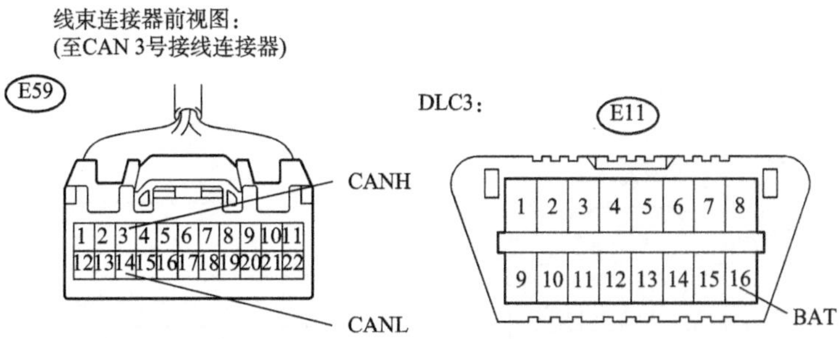

图4-62 E59,E11 测量针脚图

将主车身ECU连接器从主车身ECU上断开。

采用电阻法检测,检测内容见表4-20。

电阻法检测内容   表4-20

检 测 点	检 测 条 件	检 测 结 果
E59-3（CANH）—E11-16（BAT）	断开蓄电池负极端子	≥6kΩ
E59-14（CANL）—E11-16（BAT）	断开蓄电池负极端子	≥6kΩ

结果正常：更换仪表板接线盒（主车身ECU）。

结果异常：维修或更换CAN MS总线主线或连接器（主车身ECU主线）。

检测模块19：检查CAN MS总线是否对+B短路（组合仪表—CAN 3号接线连接器）。

连接器针脚图如图4-63所示。

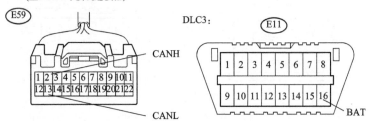

图4-63 E59和E11测量针脚图

断开CAN 3号接线连接器；

断开组合仪表连接器；

采用电阻法检测，检测内容见表4-21。

电阻法检测内容   表4-21

检 测 点	检 测 条 件	检 测 结 果
E59-2（CANH）—E11-16（BAT）	断开蓄电池负极端子	≥6kΩ
E59-13（CANL）—E11-16（BAT）	断开蓄电池负极端子	≥6kΩ

结果正常：更换组合仪表总成；

结果异常：维修或更换CAN MS总线主线或连接器（组合仪表主线）。

检测模块20：检查CAN MS总线是否对搭铁短路（主车身ECU主线）。

连接器针脚图如图4-64所示。

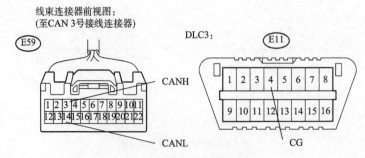

图4-64 E59和E11测量针脚图

断开CAN 3号接线连接器；

单元四 丰田汽车网络控制模块检测

采用电阻法检测,检测内容见表4-22。

电阻法检测内容　　　　　　　　　　表4-22

检 测 点	检 测 条 件	检 测 结 果
E58-3(CANH)—E11-4(CG)	点火开关置于OFF位置	≥200Ω
E59-14(CANL)—E11-4(CG)	点火开关置于OFF位置	≥200Ω

结果正常:执行检测模块21[检查CAN MS总线是否对搭铁短路(组合仪表主线)]。

结果异常:执行检测模块24[检查CAN MS总线是否对搭铁短路(主车身ECU主线)]。

检测模块21:检查CAN MS总线是否对搭铁短路(组合仪表主线)。

连接器针脚图如图4-65所示。

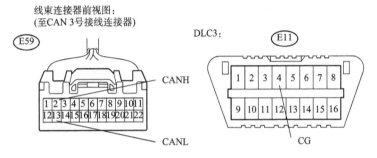

图4-65　E59和E11测量针脚图

采用电阻法检测,检测内容见表4-23。

电阻法检测内容　　　　　　　　　　表4-23

检 测 点	检 测 条 件	检 测 结 果
E59-2(CANH)—E11-4(CG)	点火开关置于OFF位	≥200Ω
E59-13(CANL)—E11-4(CG)	点火开关置于OFF位	≥200Ω

结果正常:执行检测模块22(检查CAN MS总线是否对搭铁短路(认证ECU—CAN 3号接线连接器));

结果异常:执行检测模块23[检查CAN MS总线是否对搭铁短路(组合仪表主线)]。

检测模块22:检查CAN MS总线是否对搭铁短路(认证ECU—CAN 3号接线连接器)。

连接器针脚图如图4-66所示。

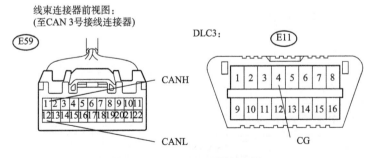

图4-66　E59和E11测量针脚图

断开CAN 3号接线连接器,断开认证ECU连接器。

采用电阻法检测,测量内容见表 4-24。

电阻法检测内容　　　　　　　　　　　　　　　表 4-24

检 测 点	检测条件	检测结果
E59 – 1（CANH）—E11 – 4(CG)	点火开关置于 OFF 位置	≥200Ω
E59 – 12（CANL）—E11 – 4(CG)	点火开关置于 OFF 位置	≥200Ω

结果正常:更换认证 ECU。

结果异常:维修或更换 CAN MS 总线支线或连接器(认证 ECU 支线)。

检测模块 23:检查 CAN MS 总线是否对搭铁短路(组合仪表主线)。

连接器针脚图如图 4-67 所示。

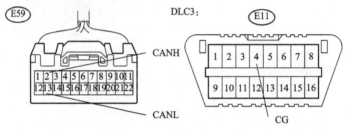

图 4-67　E59 和 E11 测量针脚图

断开组合仪表连接器;

采用电阻法检测,检测内容见表 4-25。

电阻法检测内容　　　　　　　　　　　　　　　表 4-25

检 测 点	检测条件	检测结果
E59 – 2（CANH）—E11 – 4(CG)	点火开关置于 OFF 位置	≥200Ω
E59 – 13（CANL）—E11 – 4(CG)	点火开关置于 OFF 位置	≥200Ω

结果正常:更换组合仪表总成。

结果异常:维修或更换 CAN MS 总线主线或连接器(组合仪表主线)。

检测模块 24:检查 CAN MS 总线是否对搭铁短路(主车身 ECU 主线)。

连接器针脚图如图 4-68 所示。

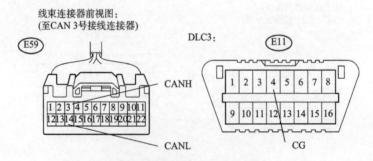

图 4-68　主车身 ECU 测量针脚图

将主车身 ECU 连接器从主车身 ECU 上断开;

采用电阻法检测,测量内容见表 4-26。

电阻法检测内容　　　　　　　　　　　　　　　　　表 4-26

检 测 点	检 测 条 件	检 测 结 果
E59-3（CANH）—E11-4(CG)	点火开关置于 OFF 位置	≥200Ω
E59-14（CANL）—E11-4(CG)	点火开关置于 OFF 位置	≥200Ω

结果正常:更换仪表板接线盒(主车身 ECU)。

结果异常:维修或更换 CAN MS 总线主线或连接器(主车身 ECU 主线)。

实例操作中的"安全注意事项"参见"丰田卡罗拉动力 CAN 总线系统模块检测"实例中要求。

(三) 丰田卡罗拉 CAN 总线故障检修实例

❶ 情景描述

一辆行驶里程约 90000km 的 06 款丰田卡罗拉 1.6L 轿车。发动机故障指示灯、ABS 故障指示灯、动力转向故障指示灯等在发动机起动后不熄灭。发动机起动后,有明显的怠速抖动、加速不顺畅现象。

❷ 检测与诊断

第一步　将 IT2 智能检测仪接到故障车辆 ODB-Ⅱ插座,读取故障码。结果发现故障检测仪无法与发动机电控模块建立通信,如图 4-69 所示

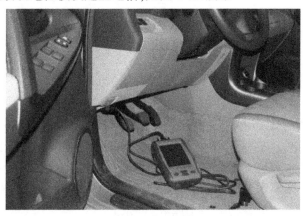

图 4-69　IT2 与车身连接

第二步　检查蓄电池电压为正常。重新起动之后,发现发动机故障指示灯、ABS 故障指示灯、动力转向故障指示灯仍然亮着。初步判断是网络系统有问题,可能是发动机控制模块故障,也可能是 DL3 到发动机控制模块间的链路有故障,如图 4-70 所示。

第三步　从发动机怠速抖动、加速不畅的现象可知这是明显的单缸"缺火"现象。从现象看,故障原因可能有多个。

第四步　阅读丰田卡罗拉维修手册,查看该车通信网络系统(图 2-16),从中可以看出,CAN 主干路网上有几条支路网,分别是主车身 ECU、自诊断检查接口、ABS、ECU,SRS 中央传感器、空调放大器和动力转向 ECU 等。其中,除 ABS 以外都使用 1 个共同的 1

图4-70 检查蓄电池电压

号集线器,ABS使用1个单独的2号集线器。

第五步 利用IT2检查总线。发现只有"停机ECU"和"SRS中央传感器"还在,其他的ECU全部不见踪影。说明网络主干线可能是异常的。

第六步 采用数字万用表,检测CAN-H和CAN-L之间的电阻和搭铁。查询维修资料可知,CAN-H和CAN-L之间的电阻应该为60Ω左右,同时对搭铁线和对电源线都应不导通。测量的结果发现CAN-H对搭铁短路了,从而导致CAN通信处于停止或紊乱的状态。

发现是CAN-H对搭铁短路后,下一步的检查目标就转向定位搭铁短路的位置上。

第七步 断开1号集线器(E58)后在集线器外露的端子处测量,将万用表的1根表笔夹住可靠的搭铁点,另一根表笔逐个接触2号、3号、4号、8号、11号,5根CAN-H线。检测结果显示,只有连接空调放大器的4#CAN-H线的电阻小于1Ω,其他端子的电阻都在200Ω以上,据此可知,通往空调放大器的CAN-H线异常,如图4-71所示。

为了进一步验证,脱开空调放大器的导线连接器,用故障检测仪再次进行总线检查,结果显示所有控制单元均恢复正常。于是判定故障发生在空调放大器内部。更换空调放大器,起动发动机。仪表板上原来亮起的故障指示灯除发动机故障指示灯外均在自检2s后自动熄灭,检测显示总线系统恢复正常。用故障检测仪对发动机系统进行检测,故障检测仪可以与ECM进行通信联络了,如图4-72所示。

至此,关于车载网络系统的故障被定位并且排除了。

第八步再用故障检测仪对发动机系统进行检测,读取的故障码为P0353,含义为"点火线圈C初级/次级电路"。

根据维修手册的提示,如果设置了故障码P0353,则应检查第3缸点火电源线圈电路,可以任意调换3缸点火电源线圈和其他缸的点火电源线圈,再次起动,并读取故障码,看一看故障码是否会随着原第3缸点火电源线圈的移动而变化。结果发现故障码是追着点火电源线圈跑的,说明肯定是点火电源线圈本身有故障。更换了第3缸点火电源线圈并清除故障码后,发动机怠速运转平稳、加速顺畅。

至此,所有故障圆满排除。从本实例操作的过程中可以发现,从"自诊断接口"入手,

单元四　丰田汽车网络控制模块检测

通过测量自诊断接口的 CAN-H 和 CAN-L 端的电阻,断开集线器的方法可以快速找到短路和断路故障点。

1：带智能上车和起动系统或自动灯控
2：除*1外
3：手动空调
4：自动空调
5：带驻车辅助监视系统

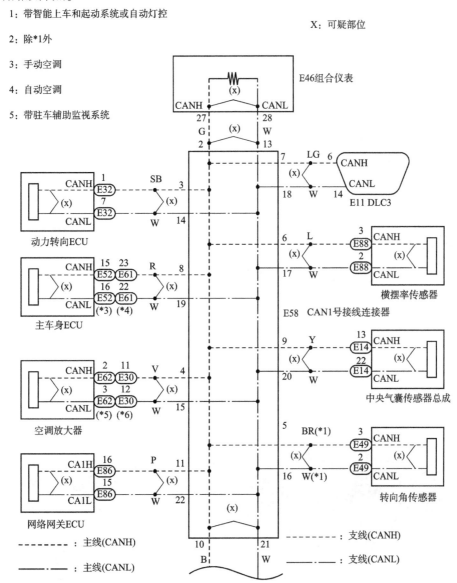

图 4-71　CAN1 号电路图

实例学习目标

实例操作中的"安全注意事项"参见"丰田卡罗拉动力 CAN 总线系统模块检测"实例中要求。

四　丰田卡罗拉 LIN 通信系统故障检修

大量的车身和安全性能方面的应用对车用网络总线的性能要求并不太高,只需要一种性价比更高的标准车用网络总线,而 LIN 总线正好可以满足这一需求。因此,目前 LIN

总线技术正被越来越广泛的应用到车身电子中。

LIN 的目标是为现有汽车网络(例如 CAN 总线)提供辅助功能,因此,LIN 总线是一种辅助的串行通信总线网络,多用于不需要 CAN 总线的带宽和多功能的场合。LIN 典型的应用是车上传感器和执行器的联网。

(一)丰田卡罗拉 LIN 总线系统故障检测实例(B2321)

❶ 情景描述

一辆丰田卡罗拉轿车,利用 IT2 智能诊断仪进行 DTC 检测时,读出故障码 B2321,描述为"驾驶员侧车门 ECU 通信终止"。查阅维修手册后发现,可能的故障都出现在 LIN 总线系统。由于 LIN 总线属于低端网络系统,所以并没有影响汽车的行驶。

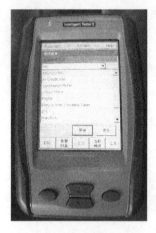

图 4-72 总线检查结果

❷ 检测与诊断

查阅维修手册,卡罗拉汽车的电动车窗控制系统零件的安装位置如图 4-73 所示。

- 电动车窗升降器电动机 -电动车窗ECU
- 电动车窗主开关
- 前门门控灯开关
- 电动车窗升降器电动机
- 后电动车窗开关
- 后电动车窗开关
- 电动车窗升降器电动机
- 前排乘客侧电动车窗开关
- 电动车窗升降器电动机

主车身 ECU
(仪表板接线盒)

- PWR继电器
- FR DOOR熔断丝
- POWER熔断丝
- RL DOOR熔断丝
- RR DOOR熔断丝

图 4-73 电动车窗控制系统零件的安装位置

查阅维修手册,当左前电动车窗升降器电动机总成和主车身 ECU 之间停止通信超过 10s 时,输出 DTC B2321。

DTCB2321 为"驾驶员侧车门 ECU 通信终止"的故障检测。

第一步 查阅维修手册,阅读电动车窗控制电路图,如图 4-74 所示。电动车窗网络系统,如图 4-75 所示。

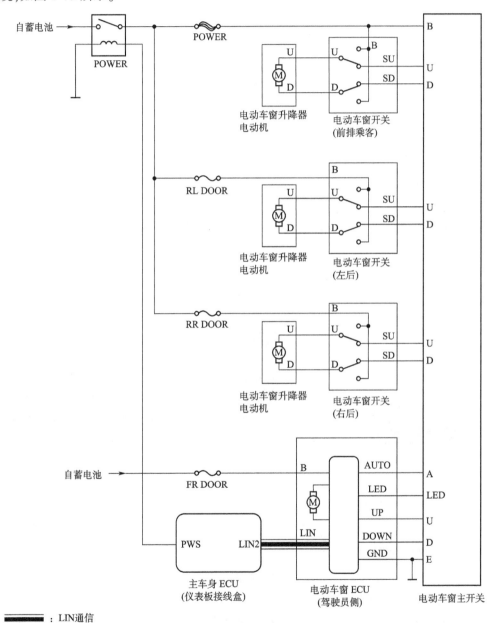

图 4-74 电动车窗控制电路图

第二步 用 IT2 智能检测仪清除故障码。重新起动车辆后再次读取故障码,如果仍然读得 B2321 故障码,进入下一步检查。

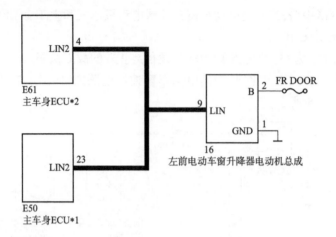

:LIN通信线路

*1：带智能上车和起动系统，带自动灯控

*2：除*1外

图 4-75　电动车窗网络系统图

第三步　检查线束和连接器（主车身 ECU 与左前电动车窗升降器电动机），如图 4-76 所示。

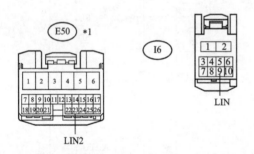

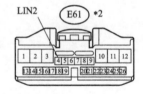

*1：带智能上车和起动系统、带自动灯控

*2：除*1外

提示：
*1：带智能上车和起动系统、带自动灯控
*2：除*1外
(a)断开连接器E50*1或E61*2
(b)断开连接器I6
(c)根据下表中的值测量电阻

图 4-76　连接器针脚图

①点火开关置于 OFF 位置。

②将 IT2 接至车辆，以 1.5s 的间隔打开和关闭门控灯开关，直到检测仪和车辆之间开始通信。

第四步　采用电阻法进行测量。

测量一：E50*1-23（LIN2）—16-9（LIN）之间电阻测量。

单元四 丰田汽车网络控制模块检测

测量二:E61*2-4(LIN2)—16-9(LIN)之间电阻测量。

以上"测量一"和"测量二"为两者选一,根据车型确定,测量结果均应该小于1Ω,否则应维修或更换线束或连接器。

测量三:E50*1-23(LIN2)—车身搭铁之间电阻测量。

测量四:E61*2-4(LIN2)—车身搭铁之间电阻测量。

以上"测量三"和"测量四"为两者选一,根据车型确定。结果均应该大于或等于10kΩ,否则应维修或更换线束或连接器。

第五步 检查左前电动车窗升降器电动机总成,如图4-77所示。断开连接器16,用电阻法和电压法进行测量。

测量16-1(GND)—车身搭铁之间电阻。

结果应该小于1Ω,否则应维修或更换线束或连接器。

测量16-2(B)—车身搭铁之间电阻。结果应该在11V~14V,否则应维修或更换线束或连接器。

第六步 如果以上检查正常,应更换左前电动车窗升降器电动机总成。

查阅维修手册中WS-65页,按照规定的流程完成更换上述总成的操作。

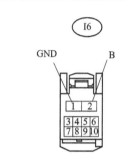

线束连接器前视图:
(至左前电动车窗升降器电动机总成)

图4-77 16号线束连接器

第七步 再次执行读取DTC的流程。

如果仍然输出B2321,应该更换主车身ECU(仪表接线盒)。

第八步 执行读取DTC的流程后,原来DTC消失,检修流程结束。

整个操作应该按照维修手册规定的步骤进行,同时参照流程图,理解每个操作步骤的含义。

操作建议:图4-78所示是畅易汽车维修技术支持平台中,丰田卡罗拉汽车资料的检索界面。在阅读维修手册的同时,可以通过网上查阅各种专业汽车维修资源,这对于技能实训项目的执行,具有很好的辅助作用。

实例操作中的"安全注意事项"参见"丰田卡罗拉动力CAN总线系统模块检测"实例中要求。

(二)丰田卡罗拉LIN总线系统检测实例(B2785)

1 情景描述

一辆丰田卡罗拉轿车,利用IT2智能诊断仪进行DTC检测时,读出故障码B2785,描述为"通过LIN连接的ECU之间的通信故障"。查阅维修手册后发现,可能的故障都出现在LIN总线系统。

2 检测与诊断

查阅维修手册,观察卡罗拉汽车的电动车窗控制系统零件的安装位置(图4-73)。

查阅维修手册,可以得知认证ECU监视所有连接到认证ECU系统LIN总线的ECU之间的通信。认证ECU以固定间隔连续3次检测到所有连接到认证ECU系统LIN总线的 ECU 出现故障时,将输出 DTC B2785。

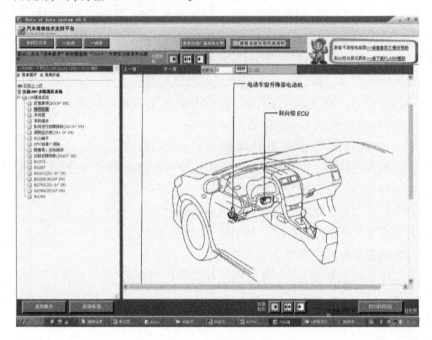

图 4-78　畅易汽车维修技术支持平台

DTC 为 B2785 的"通过 LIN 连接的 ECU 之间的通信故障"的故障检测。

第一步　查阅维修手册,阅读卡罗拉 LIN 总线电路图,查阅与 LIN 连接的 ECU 电控模块,如图 4-79 所示。

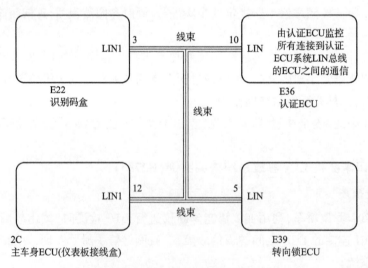

图 4-79　与 LIN 连接的 ECU 电控模块

分析图 4-79,可以得出故障码可能的产生原因如下:

①认证 ECU;

②主车身 ECU;

③转向锁 ECU;

④识别码盒;

⑤线束或连接器。

第二步 用 IT2 智能检测仪清除故障码。重新起动车辆后再次读取故障码,如果仍然读得 B2785 故障码,进入下一步检查。

第三步 检查线束和连接器(认证 ECU – 转向锁 ECU)。连接器如图 4-80 所示。

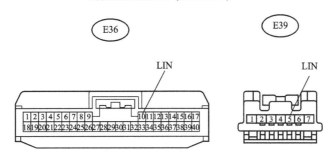

图 4-80　E36 和 E39 连接器针脚图

将点火开关置于 OFF 位置;

将 IT2 接至车辆,以 1.5s 的间隔打开和关闭门控灯开关,直到检测仪和车辆之间开始通信。

第四步 采用电阻法进行测量。

测量 E36 – 10(LIN)—E39 – 5(LIN)之间电阻。结果应该小于 1Ω,否则应维修或更换线束或连接器。

测量 E36 – 10(LIN)—车身搭铁之间电阻。结果应该大于或等于 10kΩ,否则应维修或更换线束或连接器。

第五步 继续检查线束和连接器(认证 ECU—主车身 ECU)。连接器如见图 4-81 所示。断开 E36 和 2C,采用电阻法进行测量。

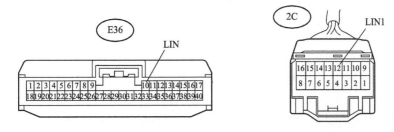

图 4-81　E36 和 2C 连接器针脚图

测量 E36 – 10(LIN)—2C – 12(LIN1)之间电阻。

结果应该小于 1Ω,否则应维修或更换线束或连接器。

测量 E36-10(LIN)—车身搭铁之间电阻。

结果应该大于或等于 10kΩ，否则应维修或更换线束或连接器。

第六步　继续检查线束和连接器（认证 ECU-识别码盒）。连接器如图 4-82 所示。断开 E36 和 E22，采用电阻法进行测量。

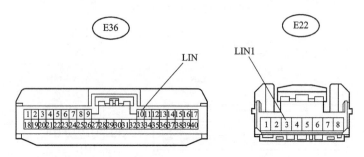

图 4-82　E36 和 E22 连接器针脚图

测量 E36-10(LIN)—E22-3(LIN1)之间电阻。结果应该小于 1Ω，否则应维修或更换线束或连接器。

测量 E36-10(LIN)—车身搭铁之间电阻。结果应该大于或等于 10kΩ，否则应维修或更换线束或连接器。

说明：以上各步骤的检测是针对 LIN 系统线束或连接器的，结果如果正常，说明 E36—E39、E36—2C 和 E36—E22 之间的连接应该是正常的。下一步的检测内容，应该是针对模块的。检测的手段主要是通过读取 DTC 的方式进行，利用排除法对模块的运行状态进行判断。

模块检测流程图如图 4-83 所示。根据流程图，可以清楚地了解维修手册中，关于 B2785 检测时的逻辑分析方法。

第七步　断开连接器 2C（图 4-81）后读取 DTC。

如果 B2785 消失了，应更换主车身 ECU 模块（仪表接线盒）。更换之后再一次读取 DTC。

第八步　如果第七步操作后 B2785 仍然出现，则断开连接器 E39 后继续读取 DTC。

如果 B2785 消失了，应更换转向锁 ECU 模块。更换之后再一次读取 DTC。

第九步　如果第八步操作后 B2785 仍然出现，则断开连接器 E22（图 4-91）后继续读取 DTC。

如果 B2785 消失了，应更换识别码盒。更换之后再一次读取 DTC。

如果更换识别码盒之后仍然出现 B2785，应更换认证 ECU。

整个操作应该按照维修手册规定的步骤进行，同时参照流程图，理解每个操作步骤的含义。

实例操作中的"安全注意事项"参见"丰田卡罗拉动力 CAN 总线系统模块检测"实例中要求。

单元四 丰田汽车网络控制模块检测

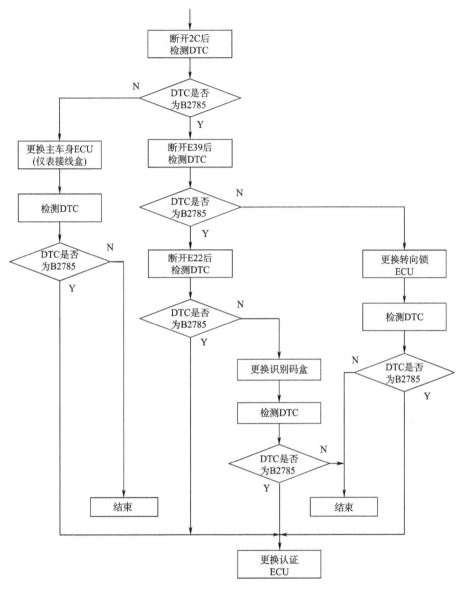

图 4-83 LIN 模块检测流程图

单元小结

本单元介绍了丰田汽车的网络结构特点、丰田汽车专用诊断设备的使用、丰田 CAN 通信系统的检测与故障排除。

本单元重点选用了 5 个以丰田卡罗拉汽车为操作对象的实际案例,分别针对不同故障类型。本单元重点强调了维修手册和专用诊断设备的作用,介绍了流程图在汽车网络控制系统故障诊断时的作用。

本单元以实例教学练习为核心内容。

思考与练习

(一)填空题

1. 卡罗拉汽车认证总线由_____、_____、_____、_____模块构成。

2. 卡罗拉汽车 CAN MS 总线由_____、_____、_____模块构成。

3. 主总线是总线(通信线路)上介于____个终端电阻器之间的_____。它是_____通信系统的主总线。

4. 丰田汽车维修在开始测量 CAN 总线间电阻前,要求使车辆保持原来状态至少_____min,不要操作_____开关和任何其他开关或车门。如果需要打开任何车门以检测连接器,则打开该车门并让它_____打开。

5. 卡罗拉汽车网络的 CAN 3 号接线连接器分别连接_____、_____、_____模块。

6. 卡罗拉汽车在检测 CAN MS 总线的 CANN 和 CANP 之间电阻之后,将测量结果阻值分为_____、_____、_____三种情况进行判断。

(二)判断题

1. 单线工作模式就是只用一根导线构成通信回路。 (   )

2. LAN 网的传输介质可以是双绞线、同轴电缆和光纤,其中数据传输速率最高的是同轴电缆(75Ω)。 (   )

3. LIN 总线是 CAN 总线网络下的子系统,是一种辅助型的总线网络。 (   )

4. 认证 ECU 以固定间隔连续 3 次检测到所有连接到认证 ECU 系统 LIN 总线的 ECU 出现故障时,将输出 DTC B2785。 (   )

5. 当左前电动车窗升降器电动机总成和主车身 ECU 之间停止通信超过 5s 时,输出 DTC B2321。 (   )

(三)简答题

1. 简述丰田卡罗拉维修手册中诊断 U1002(CAN MS 总线)检测程序的设计中,首先考虑的是什么内容。

2. 简述丰田卡罗拉汽车与认证 ECU 交换数据的 LIN 系统构成。

3. 简述维修手册中失效保护表的作用。

4. 简述流程图的表达方式和作用。

单元五　雪佛兰科鲁兹网络控制系统检测

学习目标

1. 了解 GDS2 全球诊断系统的基本结构；
2. 了解 GDS2 全球诊断系统的软件启动过程和系统升级方法；
3. 利用 GDS2 全球诊断系统检测车辆网络控制系统的基本操作流程；
4. 利用 GDS2 全球诊断系统完成典型网络故障的检修。

建议课时

12 课时。

科鲁兹汽车网络系统包含高速 GMLAN、低速 GMLAN、底盘扩展总线(FX3)、串行数据通信启用系统和线性互联网(LIN)串行数据通信等。

一　科鲁兹汽车网络系统检修与诊断设备的使用

(一)科鲁兹汽车网络系统介绍

科鲁兹 GMLAN (General Motors in Vehicle Local Area Network) 总线是美国通用汽车公司开发的用于 ECU 控制模块之间通信和诊断通信的车载网络通信标准,分为高速 GM-LAN(500 kbit/s)、中速 GMLAN 总线(125 kbit/s)、低速 GMLAN 总线(33.3 kbit/s)和 LIN 总线(10.417 kbit/s)。

科鲁兹汽车上应用了两条高速 GMLAN,分别为动力系统高速 GMLAN 和底盘系统高速 GMLAN。动力系统高速 GMLAN 连接发动机控制模块、变速器控制模块、电子制动控制模块。底盘系统高速 GMLAN 连接电子制动控制模块、车身控制模块、动力转向模块、悬挂控制模块等。用电子制动控制模块(EBCM)作为网关。

中速 GMLAN 总线与高速 GMLAN 总线非常相似。该总线用于系统响应时间需求,即使用相对较短的时间传输大量数据,如更新图形显示。因此,其常被应用于信息娱乐系统。在低速 GMLAN 总线和中速 GMLAN 总线之间通信时。

LIN 总线由单线组成。该模块用于交换主控制模块和其他提供支持功能的智能装置之间的信息。LIN 总线对通信的容量或速度没有要求,因此相对比较简单。

科鲁兹轿车的 GMLAN 网络结构如图 5-1 所示。

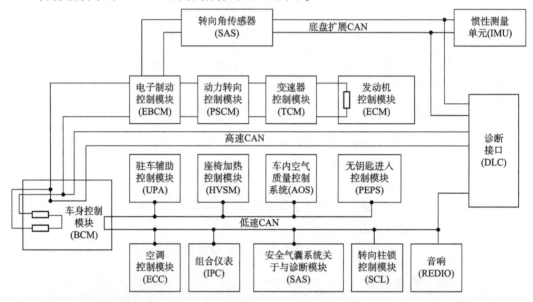

图 5-1 科鲁兹轿车 GMLAN 网络结构

(二)科鲁兹汽车网络故障诊断流程

在进入故障诊断流程之前,首先需要确认以下内容:

(1)蓄电池电压是否在正常范围之内(11~14V)。

(2)汽车各个供电回路熔断丝应不熔断。

(3)各个搭铁电路清洁、牢固且处于正确的位置。

(4)所有连接/连接器全部接插到位。

(5)没有售后加装的设备影响系统运行。

诊断流程如下。

1 确认客户报修问题

该步骤可以获取关于用户的尽可能多的信息。例如,车辆上是否加装了售后加装的附件,何时会出现该状况,何处出现过该状况,该状况持续了多长时间,该状况发生的规律等。查阅车辆以前修理的维修记录同样有助于当前报修的诊断。

技术人员明白了用户报修的问题之后,就可以开始检查车辆的故障原因。为了确认客户报修问题,必须熟悉系统的正常操作情况,参见用户手册或维修手册以获取所需信息。检查可见的系统部件是否有明显损坏或故障,导致该报修故障的出现。进行全面的目视检查,检测是否有异声或异味。

❷ 确认故障症状诱因

确认故障的症状并非单独是由机械部分故障引起的,特别是注意故障症状是否因为相关执行机构的异常而产生。

❸ 检查有无售后加装附件

由于现代汽车的快速发展,许多第三方制造商通过破解网络协议,设计出为品牌汽车增加易用性功能模块。这样的附加产品,往往是通过 OBD – II 接口接入汽车网络控制系统,使原来的舒适系统功能得到拓展。

但是,这样的模块的接入,有时会对原有的控制系统产生干扰,导致故障的产生。

在诊断电气故障时,务必首先检查是否有售后加装的附件(非 OEM)。如果车辆装备了售后加装附件,则将系统断开,检查并确认所加装的附件不是故障的原因。

❹ 采集故障诊断码(DTC)信息

故障诊断码在读取时应该分作 2 次,首先读取存储器内的历史代码,做好记录。清除故障码后起动汽车,再一次读取存储器中内容。此时如果有代码读出,被称之为当前代码。这样的代码是在汽车起动时对电控单元进行检查后进入故障码存储器的,或者是由于起动之后又出现运行异常时产生的。

发现并维修间歇性故障或历史故障诊断码,应该遵循维修手册中有关"测试间歇性故障和接触不良"的建议。

由于汽车网络控制系统故障的三种主要起因,在定位故障点时,可以交替的使用数字万用表、示波仪和诊断仪。达到快速定位的目的。

使用数字式万用表,可以快速排除电源回路故障原因。发现短路、断路等类型的故障;使用示波仪,可以快速判断基本网络模块的工作状态是否正常(单线、休眠、短路、搭铁等);使用专用诊断仪,可以快速定义故障原因、位置或者特殊信息(例如单点无法通信、多点均无法通信、无法进入电控模块)等。当然,有些故障可能需要反复测试,或者通过路试才能诊断。

(三)使用数字式万用表进行故障排除

数字式万用表(DMM)是汽车检修过程中最常用和最方便的检测工具之一。

❶ 对数字式万用表(DMM)的性能要求

使用数字式万用表前应通读该手册并放在手边以备将来参考。

在测试高阻抗电路中的电压时,应使用数字式万用表而不是测试灯。如果阻抗非常小,测试灯只显示是否有电压,而数字式万用表可以指示电压读数。换言之,如果没有足够的电流,即使有足够的电压,测试灯也不会点亮。

注意: 在用数字式万用表测量电阻时,应先断开可疑电路的电源馈线。这样可以防止读数错误。数字式万用表在被测电阻上施加一个小电压,会影响电阻测量读数的准确性。

电路中的二极管和固态元件可导致数字式万用表显示错误读数。若想确定某个部件是否对测量结果有影响,先读取一个读数,然后将两条引线反接,再读取第二个读数。如果两个读数不同,表明固态元件确实影响了测量结果。

❷ 检测搭铁和低电平参考电压电路

测试时,任何电流流经搭铁或低电平参考电路,将导致数字式万用表导通读数偏差,或者显示出比没有电流流经时更高的读数。最佳搭铁测试点应该是控制模块壳体(如果控制模块是金属壳体并且搭铁)、门柱锁扣(如果与金属连接)、仪表板金属框架下方、发动机汽缸体或车身搭铁双头螺柱(蓄电池负极电缆连接处以外的位置)。

注意:点火开关置于 ON(打开)位置时,典型数字式万用表搭铁或低电平参考电压电路导通性读数可高达 100Ω,点火开关置于 OFF(关闭)位置后,该读数可降至 15~25Ω。30~40s 后读数降至 10Ω 以下,60s 后降至 5Ω 以下。一旦车辆完全进入休眠状态(一般 3~10min),读数会降至 0.3Ω 以下。

❸ 导通性测试

如果数字式万用表显示电阻很小或无电阻,表明电路导通性良好。

❹ 测试对搭铁的短路

(1)拆下可疑电路的电源馈线(如熔断丝、控制模块)。
(2)断开负载。
(3)将数字式万用表旋钮设置在欧姆挡。
(4)将数字式万用表的一根引线连接到待测电路一端。
(5)将数字式万用表的另一根引线连接到良好搭铁上。

如果数字式万用表显示的电阻不是无穷大,则电路对搭铁短路了。

❺ 测试对电压短路

(1)拆下可疑电路的电源馈线(如熔断丝、控制模块);
(2)断开负载;
(3)将数字式万用表(DMM)设置在 V(DC)(直流电压)位置;
(4)将数字式万用表正极引线连接到待测电路一端;
(5)将数字式万用表负极引线连接到良好搭铁上;
(6)将点火开关置于 ON(打开)位置,并使所有附件工作。

如果电压测量值高于 1V,则电路对电压短路。

(四)测试间歇性故障和接触不良

如果当前未出现某故障,但故障诊断码历史记录中指示该故障曾经出现,则其可能是间歇性故障。间歇性故障也可能是客户报修的原因,但症状不能再现。

大多数间歇性故障都是因为电气连接或接线故障所致。诊断这样的故障,应检查下列各项:

(1)绝缘层内的接线是否断裂。
(2)连接器的公端子和母端子是否接触不良。
(3)端子与导线接触不良,此类故障包括压接不良、焊接质量差、压接在导线绝缘层而不是导线本身上、导线与端子接触部位腐蚀等。

(4)绝缘层刺穿或损坏会使湿气进入接线从而导致腐蚀。绝缘层内的导体会发生腐蚀,但从外表却几乎看不出来。查找可疑电路中是否有膨胀和变硬的导线。

(5)接线被夹住、切口或绝缘层擦破会导致间歇性的断路或短路(因裸露部位接触车辆上的其他线束或零件)。

(6)接线可能接触到热的或排气部件。

(7)测试端子是否微动磨损。

间歇性开路或短路往往受线束/连接器移动的影响,这种移动由震动、发动机扭矩、颠簸造成。诊断时,如果发现故障类型似乎与振动有关时,可以通过模拟一下线束的移动,以再现客户报修故障状态。

还有两种方式来模拟可能的故障状态:

(1)给车辆增加载使车身发生变形。

这种方法可有效地用来查找那些太短的线束,线束长度太短会导致线束上的连接器被拉开,从而接触不良。测试时将数字式万用表设定在 MIN/MAX(最小/最大)模式并连接到可疑电路,即可验证怀疑的结果。

(2)将可疑电路暴露在其他条件下,这类条件包括高湿度条件以及极高或极低温条件。

此时可以采用专用加热枪或者电风扇直吹,来模拟环境。同时检查有无异常状况出现。

测试相应的端子接触是否良好。

(五)GDS2 全球诊断系统的使用

GDS2 是新一代上海通用汽车全球诊断系统,该诊断系统基于原 GDS 应用程序,对用户界面进行了改进,以便更加快速简便地获取数据。在某些特定车型上,当与车载电气系统进行通信及诊断时,GDS2 将取代原有的 GDS。

1 GDS2 全球诊断系统组成

(1)GDS2 全球诊断系统搭载在具有 XP 操作系统的计算机之上,如图 5-2 所示。

(2)MDI 数据模块多重诊断接口组件,如图 5-3 所示。

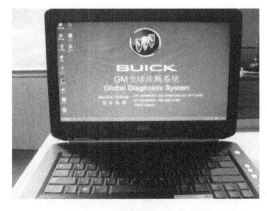

图 5-2 有 XP 操作系统的计算机

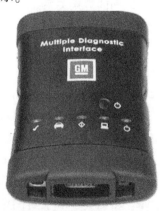

图 5-3 MDI 数据模块多重诊断接口组件

(3) GDS2 应用软件,如图 5-4 所示。

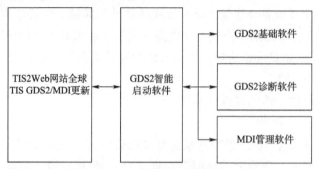

图 5-4 GDS2 应用软件

❷ GDS2 全球诊断系统功能

GDS2 的功能:读取故障诊断代码;读取控制模块识别信息;读取并显示数据参数列表;实时存储车辆诊断数据;完成特殊控制功能;配置并重新设定系统功能;记录并存储故障诊断结果和记录并存储车辆诊断对话等。

❸ GDS2 的软件升级操作和主要工作界面识读练习

诊断软件是一个应用程序,它用于管理 GDS2 和车辆模块之间的通信及进行故障诊断。其中的诊断程序包根据车型而定,需要通过 TIS2Web 网站进行下载和更新,如果 TIS2Web 网站上有新的应用程序,GDS2 智能启动软件将进行自动识别。在新的诊断软件安装到 GDS2 之前,它需要下载到个人计算机上。已经安装到计算机上的诊断软件需要定期更新 GDS2 的主数据库。数据有效期只有 7 天,每 7 天应更新一次。定期更新的程序主要有:GDS2 诊断软件、GDS2 基础软件、GDS2 智能启动软件和 GDS2 管理软件。

(1) 识读说明。通过对 GDS2 全球诊断仪应于软件的升级,可以了解设备软件维护的必要性和方法。

(2) 识读要求。GDS2 是一个具有更有效策略和界面布置的应用软件。软件有不同的模块组成,具有不同的功能。必须熟悉各个主要界面的内容和正确读取数据的条件,熟悉各个界面之间的链接关系。

(3) 操作步骤。

①GDS2 软件升级。

第一步 打开 IE 浏览器。

登录:http://www.autopartners.net/网址,进入用户登录界面。

第二步 在下列页面中,填入指定的用户名和密码。如图 5-5 所示。

②GDS2 软件主要工作界面识读:

第一步 将 USB 线一端连在 GDS2 操作计算机上,另一端连在 MDI 数据模块多重诊断接口上。

第二步 将 J1962 16/26 针 DLC 电缆线一端连在 MDI 数据模块多重诊断接口上,另一端连在汽车 16 针诊断座接口上(注意:发动机在关闭状态)。

单元五 雪佛兰科鲁兹网络控制系统检测

图 5-5　GDS2 软件升级登录界面

第三步　接好计算机电源；打开计算机进到操作界面，打开发动机点火开关(ON 挡)

第四步　双击计算机桌面 GDS2 快捷图标、启动 GDS2 诊断软件，进到 GDS2 主菜单界面，如图 5-6 所示。

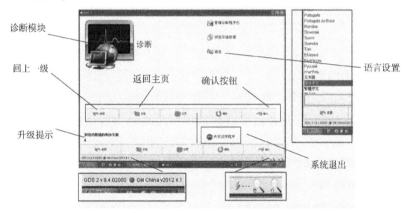

图 5-6　GDS2 主菜单界面

第五步　浏览"管理诊断程序包"二级菜单，如图 5-7、图 5-8 所示。

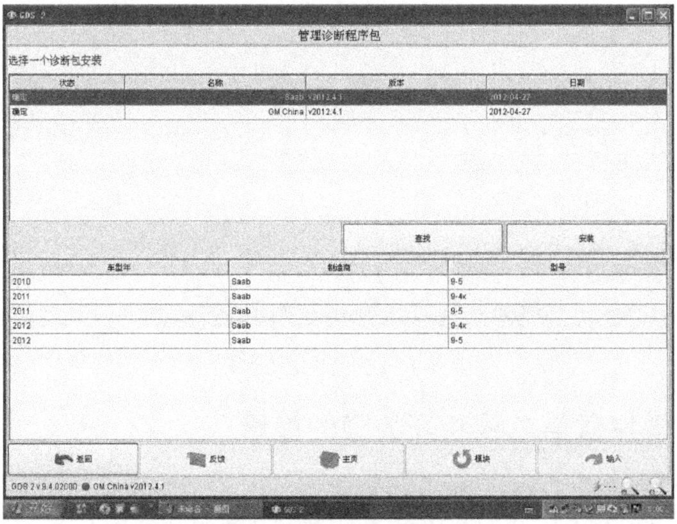

图 5-7　管理程序包界面 1

图 5-8 管理程序包界面 2

第六步 浏览"浏览存储数据"二级菜单。浏览存储数据模块的功能时查看保存在数据库中的历史监测数据。

第七步 浏览"诊断"模块二级菜单。诊断模块的功能时读取汽车各个 ECU 电控模块中的运行数据和故障码,这是在汽车维修工程中应用最多的模块。各级主要菜单的路径和界面如图 5-9 ~ 图 5-24 所示。

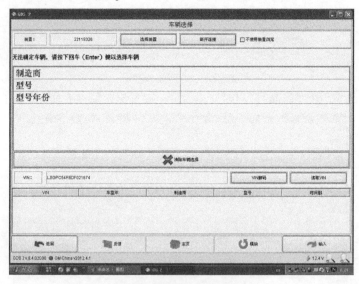

图 5-9 诊断模块车型选择 1

二 控制模块通信总线断开故障的检修

(一) 雪佛兰科鲁兹 DTC U0073 检测实例

当出现控制模块通信总线断开故障时,设置了故障码的模块在 5s 内超过 3 次尝试在串行数据电路上建立通信而没有成功时,故障码(DTC)将被记录下来。

单元五　雪佛兰科鲁兹网络控制系统检测

图 5-10　诊断模块车型选择 2

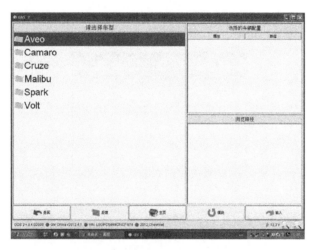

图 5-11　诊断模块车型选择 3

图 5-12　诊断模块功能选择

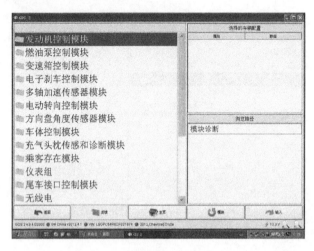

图 5-13　诊断模块 ECU 模块选择

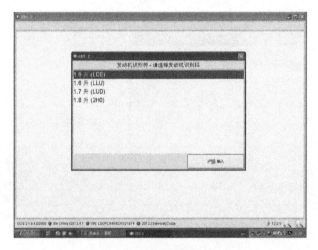

图 5-14　诊断模块发动机识别

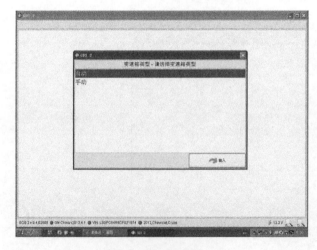

图 5-15　诊断模块车型选择

单元五　雪佛兰科鲁兹网络控制系统检测

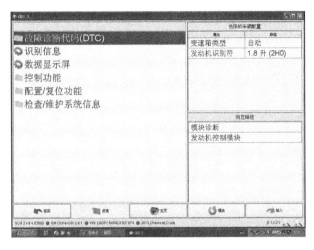

图 5-16　诊断模块检测功能选择 1

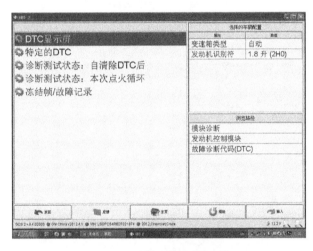

图 5-17　诊断模块检测功能选择 2

图 5-18　发动机运行信号

图 5-19　汽车系统检测信息记录表 1

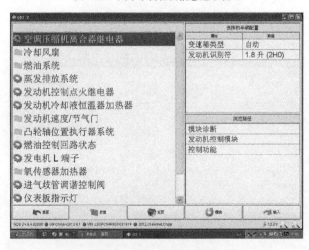

图 5-20　汽车系统检测信息记录表 2

图 5-21　分模块检测信息选择

单元五 雪佛兰科鲁兹网络控制系统检测

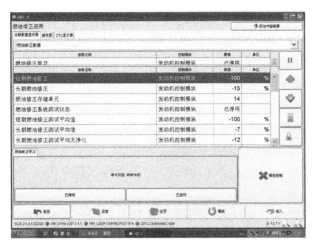

图 5-22 分模块检测信息数据

图 5-23 配置/复位功能选择

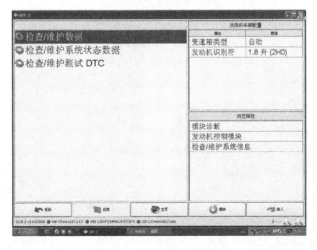

图 5-24 检查/维护系统信息

1 故障现象描述

与任何底盘高速 GMLAN 装置均没有通信。通过 GDS2 全球诊断仪读取到故障码 U0073,提示信息为"控制模块通信总线断开故障"。故障指示灯（MIL）未点亮。

有时,在多次无故障点火周期后,它们会自动清除。这样的故障很可能是由于以下几种情况之一导致的：

(1)通信电路在唤醒状态时,数据通信电路上的一个装置断开了。

(2)在诊断时,一个或者更多装置的电源被中断。

(3)存在蓄电池电压过低的情况,所以当蓄电池电压降至低于某个阈值时,一些装置停止通信。

(4)车辆的蓄电池电压恢复后,通信电路上的装置不会同时重新初始化。

(5)在底盘高速 GMLAN 串行数据系统不工作的情况下,一些装置与故障诊断仪之间可以进行通信。此故障是因使用多个串行数据通信系统的装置而引起。

(6)数据链路连接器搭铁电路端子的开路会允许故障诊断仪运行,但不与车辆通信。

2 检测与诊断

第一步 阅读雪佛兰科鲁兹维修手册中相关"诊断策略"内容。

第二步 阅读雪佛兰科鲁兹汽车维修手册中关于故障码 U0073 说明(章节 11.1.2.11)。

第三步 阅读雪佛兰科鲁兹汽车维修手册中关于数据链路通信的说明与操作(章节 11.1.4.2)。

第四步 阅读雪佛兰科鲁兹汽车维修手册中关于数据通信示意图的说明(章节 11.1.1.1)。

通过以上资料阅读,了解到故障码 U0073 的提示信息为"控制模块通信总线断开故障",故障现象描述为"与任何底盘高速 GMLAN 装置均没有通信"。由此分析故障应该是在相应的通信系统,定位判断点可能会在电源供电系统、相关线束,或者底盘高速 GMLAN (FX3)之间的链路上。

第五步 进入实训车辆区域,如图 5-25 所示。

第六步 检测蓄电池电压为正常,如图 5-26 所示。

图 5-25 雪佛兰科鲁兹(1.6 升 LDE)

图 5-26 蓄电池电压检测

第七步 使用 GDS2 全球诊断系统以获取故障诊断信息,诊断流程如下：

(1)将 GDS2 系统与汽车连接,如图 5-27、图 5-28 所示。

单元五 雪佛兰科鲁兹网络控制系统检测

图 5-27 MDI 数据模块与车辆连接

图 5-28 GDS2 系统与车辆连接

（2）检测车辆点火开关接通状态，双击 GDS2 图标→进入 GDS2 操作界面，双击诊断菜单→进入自动读取 VIN 码界面，如图 5-29 所示。

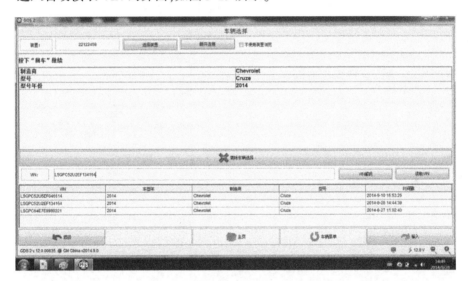
图 5-29 读取实训汽车 VIN 码

（3）单击输入图标→进入模块诊断、车辆诊断、会话管理器和系统诊断及选择的车辆配置界面。选择车辆诊断，如图 5-30 所示。单击输入图标→进入车辆故障诊断菜单，如图 5-31 所示。单击输入图标→进入发动机型号选择界面，正确选定发动机型号（1.6 升 LDE）后，如图 5-32 所示。

（4）单击输入图标→进入车辆故障码（DTC）信息菜单，如图 5-33 所示。

图 5-33 中：-符号表示该车此配置，-符号表示该模块无故障信息，-符号表示该模块有故障信息。

（5）单击详情图标→进入故障码（DTC）信息概述界面，如图 5-34 所示。

（6）根据故障码（DTC U0073）信息，和故障现象为"与任何底盘高速 GMLAN 装置均没有通信"，检查底盘扩展总线（FX3）原理图，如图 5-35 所示。

从图 5-35 看出，"与任何底盘高速 GMLAN 装置均没有通信"现象出现的原因，应该是电源供电或者从 X84 的 12 号、13 号针脚到 X200 的 81 号、82 号针脚之间的区域。

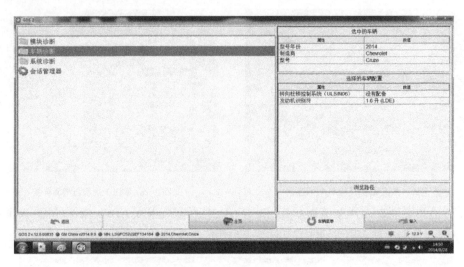

图 5-30　选择车辆诊断

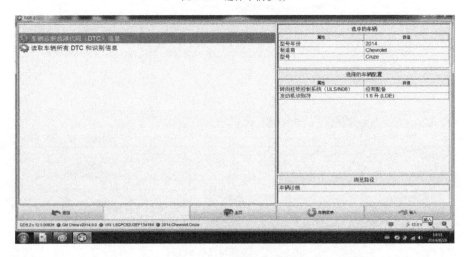

图 5-31　车辆故障诊断菜单

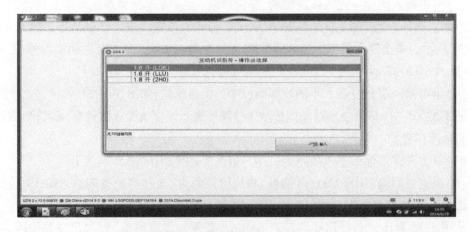

图 5-32　选定发动机型号 1.6 升 LDE

单元五　雪佛兰科鲁兹网络控制系统检测

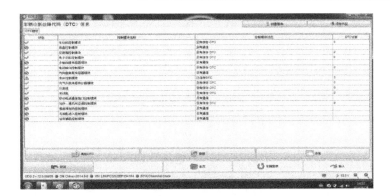

图 5-33　车辆故障诊断代码（DTC）信息

图 5-34　故障码（DTC）信息概述

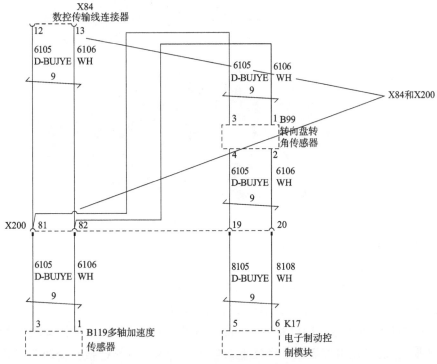

图 5-35　底盘扩展总线（FX3）

查阅维修手册,X84 和 X200 均处在 A 柱左前方位置,如图 5-36 ~ 图 5-38 所示。

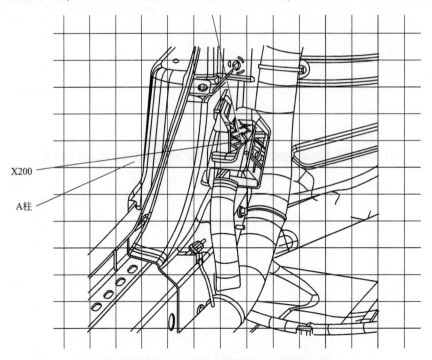

图 5-36　仪表板线速至车身线束 X200 位置

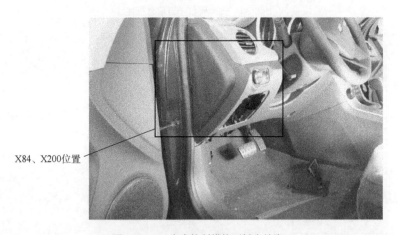

图 5-37　K9 车身控制模块下插座针脚

检查情况如下:

①FX3 系统供电电压正常。

②GDS2 可以与高速 GMLAN 建立通信(的 6 号和 14 号针脚正常)。

③X200 插座的 81 号和 82 号针脚连线正常,如图 5-39 所示。

但是关注 K73 远程通信接口控制模块的 X84 插座的 12 号和 13 号针脚连线之间的绝缘层有破损迹象,可能出现短路。经过重新包扎之后确认可靠连接并无短路,如图 5-40 所示。

单元五 雪佛兰科鲁兹网络控制系统检测

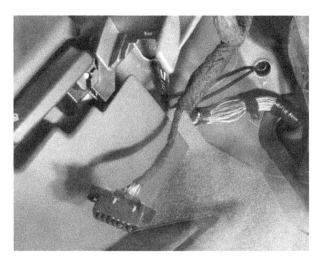

图 5-38 X84 与 X200 线束

X200仪表板线束至车身线束

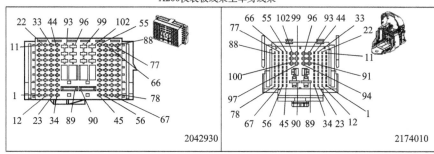

81	0.5深蓝色/黄色	6105	高速GMLAN串行数据(+)(2)(FX3)	81	0.5深蓝色/黄色	6105	高速GMLAN串行数据(+)(2)(FX3)
82	0.5白色	6106	高速GMLAN串行数据(−)(2)(FX3)	82	0.5白色	6106	高速GMLAN串行数据(−)(2)(FX3)

图 5-39 X200 与 FX3 连接的针脚

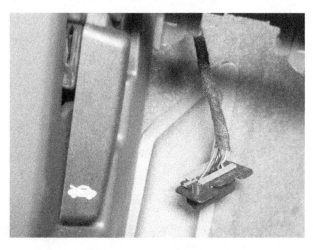

图 5-40 X84 数据传输线连接器

(7)单击清除 DTC(黄色)图标→进入 DTC 清除界面,如图 5-41 所示,单击全部添加图标→进入 DTC 清除界面,如图 5-42 所示,单击确定图标至此故障信息清除。

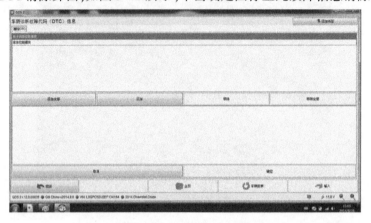

图 5-41　DTC 清除界面

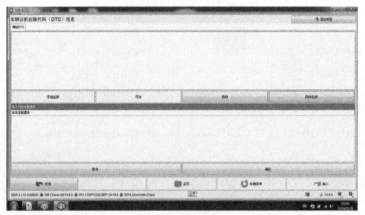

图 5-42　DTC 清除添加界面

(8)重新起动发动机,再重复上述操作程序到车辆故障码(DTC)信息菜单,如图 5-43 所示,表明故障信息已清除,故障彻底排除。

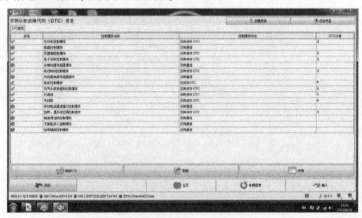

图 5-43　车辆故障码(DTC)信息

单击返回图标、单击主页图标、单击关闭应用程序图标、关闭计算机,拆除 GDS2 所有连线,完成控制模块通信总线断开故障诊断操作的基本流程。

三 车身控制模块的更换

雪佛兰科鲁兹车身控制模块的更换实例

车身控制系统包括车身控制模块(BCM)、通信和各类输入与输出。车身控制模块具有离散的输入和输出端子,以控制车身功能。车身控制模块接线至高速 GMLAN 串行数据总线、低速 GMLAN 串行数据总线和多条 LIN 总线,并作为两者之间的网关。

(1)电源模式主控模块:此车身控制模块(BCM)用作电源模式主控模块(PMM)功能。

点火开关是小电流开关,电源模式主导装置接收到的多个离散的点火开关信号用于确定电源模式,并将电源模式通过串行数据电路发送到需要此信息的其他模块,因此电源模式主导装置将根据需要启动继电器和其他电源模式主导装置的直接输出。

(2)网关:车身控制模块(BCM)在此车型中作为网关或转换器。网关的目的是转换 GMLAN 高速总线和 GMLAN 低速总线之间的串行数据信息,以在不同模块之间进行通信。网关按照网络传输协议与每个网络交互。

车身控制模块和故障诊断仪之间的所有通信都在高速 GMLAN 串行数据电路上。模块中设置了一个失去通信的故障码,而不是模块通信故障。

❶ 情境描述。

有一辆2012年产雪佛兰科鲁兹(1.6L LDE)轿车,经检查发现车身控制模块(K9)失效,需要更换。

要求通过查阅维修手册,寻找网络电控模块的安装位置,按照相关的技术说明正确地完成拆装过程。正确的使用 GDS2 系统和数字万用表等专业工具进行操作,确保更换后模块具有正常的运行状态。

❷ 操作过程。

第一步 阅读雪佛兰科鲁兹2013版维修手册6.1.1"控制模块参考"中关于 K9 模块的内容,查询模块的安装位置与插座定义,如图 5-44 所示。

第二步 打开实训汽车发动机舱盖,如图 5-45 所示。

第三步 断开汽车蓄电池负极电缆线,如图 5-46 所示。

第四步 确定 K9 车身控制模块在车上的安装位置,如图 5-47 所示。

第五步 拆下右侧下装饰板,如图 5-48 所示(注意扣件不要损坏)。

第六步 拆下车身控制模块线束扣件,如图 5-49 所示(注意扣件不要损坏)。

第七步 取出车身控制模块,如图 5-50 所示。

第八步 拔出车身控制模块七组线束插件,如图 5-51 所示(注意插件不能损坏)。

第九步 更换车身控制模块按原来位置插回七组线束,如图 5-52 所示。

第十步 更换车身控制模块后,装回蓄电池负极电源线,起动汽车确认运行,如图 5-53所示。

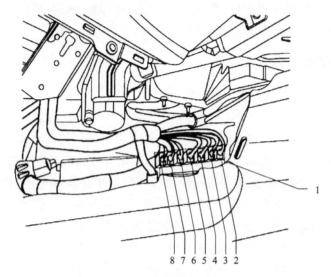

图 5-44 车身模块示意图

1-K9 车身控制模块;2-K9 车身控制模块 X7;3-K9 车身控制模块 X6;4-K9 车身控制模块 X5;5-K9 车身控制模块 X4;6-K9 车身控制模块 X3;7-K9 车身控制模块 X2;8-K9 车身控制模块 X1

图 5-45 打开发动机舱盖

图 5-46 断开电源负极

第十一步 将 GDS2 全球诊断系统与车辆连接,检测发动机运行状态,如图 5-54 所示。

第十二步 将 GDS 联网登录制造商数据库,编程匹配更换后的模块。

联网编程匹配模块方法见维修手册中,"6.1.2.1 车身控制模块的编程和设置"所述。

单元五 雪佛兰科鲁兹网络控制系统检测

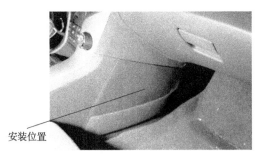

图 5-47 K9 车身控制模块安装位置

图 5-48 拆下右侧下装饰板

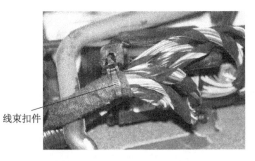

图 5-49 固定螺栓和线束扣件

图 5-50 取出车身控制模块

图 5-51 拔出车身控制模块七组线束插件

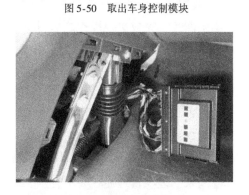

图 5-52 更换车身控制模块

图 5-53 安装蓄电池负极电源线

133

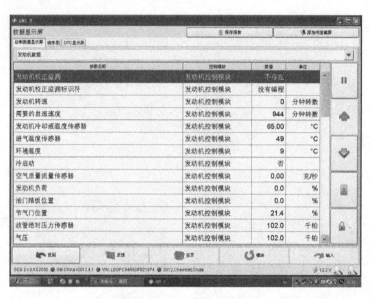

图 5-54 检测发动机运行状态

第十三步 更换后的车身控制模块经检测工作正常后,将模块装回原位置并固定。最后,安装好仪表板右下侧装饰板,完成更换操作。

第十四步 完成更换操作之后,执行以下流程:

①将点火开关置于OFF(关闭)位置。

②将点火开关置于ON(打开)位置。

③清除故障码。

④将点火开关置于OFF(关闭)位置持续60s。

⑤如果修理项目与故障码有关,则再现运行故障码的条件并使用"冻结故障状态/故障记录"(如适用),以便确认故障码未重置。

⑥如果修理项目与症状有关,应再现客户报修故障所出现的条件,以检验修理效果。如果再次出现客户报修故障或存在其他症状,则应执行症状诊断的流程。

单元小结

本单元介绍了雪佛兰科鲁兹汽车的网络结构特点、GDS2 汽车专用诊断设备的使用、科鲁兹 CAN 通信系统的检测与故障排除。故障的排除并不复杂,但是故障的定位需要较高的技能水平和思维能力。维修手册和专用诊断设备的使用非常重要,只有规范化的执行手册中的检测程序,才能快速、有效地实现故障定位。

本单元以通过分别针对不同故障类型具体实例,介绍通用车系网络控制模块维修中所涉及的专用手册、专用工具和检测过程。重点强调了维修手册和专用诊断设备的作用,在实例操作过程中介绍了专用诊断设备的使用方法。将知识点的学习,融合在实例中,通过隐形的方式实现传授。

单元五　雪佛兰科鲁兹网络控制系统检测

思考与练习

(一)填空题

1. 网关实际上是一个＿＿＿＿＿，它工作的好坏决定了不同的＿＿＿＿＿、＿＿＿＿＿和＿＿＿＿＿相互间通信的好坏。

2. 车用网络大致可以分为4个系统：＿＿＿＿＿、＿＿＿＿＿、＿＿＿＿＿和＿＿＿＿＿。

3. CAN数据总线系统由＿＿＿＿＿、＿＿＿＿＿、两个数据传输终端和两条数据传输线组成。

4. CAN数据传输线中的两条线绞在一起,主要是为了＿＿＿＿＿,保证数据的正确传输。

5. 雪佛兰科鲁兹汽车网络分为＿＿＿＿＿、＿＿＿＿＿、＿＿＿＿＿和＿＿＿＿＿。

6. 车载网络系统故障分为＿＿＿＿＿、＿＿＿＿＿、＿＿＿＿＿三类。

(二)判断题

1. 高速GMLAN与低速GMLAN之间的通信时将K17电子制动控制模块（EBCM）作为网关模块来实现。（　　）

2. 中速GMLAN总线与高速GMLAN总线的区别是其使用的是125kB/s的较慢的传输速率。（　　）

3. 科鲁兹汽车的单线低速网络在网络的各端不使用终端电阻器。（　　）

4. 科鲁兹汽车高速GMLAN串行数据总线、低速GMLAN串行数据总线和多条LIN总线,通过车身控制模块为两者之间的网关交换数据。（　　）

5. 要更换一个车身控制模块（BCM）时,需要登录制造商内网,对钥匙点电源线圈进行设置。（　　）

(三)简答题

1. GDS2主要功用有哪些方面？
2. 简述车身控制模块更换注意事项及准备工作。
3. 查询维修手册后解释以下UTC的含义以及诊断步骤。
(1) DTC U0074。
(2) DTC B1001。
(3) DTC U0020。

单元六　大众帕萨特新领驭 CAN 控制系统检修

学习目标

1. 叙述 CAN 控制系统故障的基本特征；
2. 知道 CAN 控制系统的信号检测工具的使用方法；
3. 分析 CAN 控制系统的信号检测结果；
4. 正确完成大众帕萨特新领驭 CAN 控制系统的基本检修过程；
5. 了解新一代大众汽车防盗系统的主要特点。

建议课时

20 课时。

一、CAN 控制系统模拟故障下的信号检测

大众帕萨特新领驭 CAN 控制系统分为动力系统和舒适系统两部分，分别连接不同的控制模块。

大众汽车 CAN 控制系统故障检修时需要通过专用设备进行诊断，这些设备都是根据大众车系的网络通信协议进行设计的。

（一）大众汽车故障诊断仪 VAS6150B 的使用

VAS6150B 专业诊断系统是大众奥迪公司于 2011 年推出的诊断设备，替代原有的诊断设备 VAS5052A。具备 VAS5052A 所有功能，速度更快，容量更大，更适应 4S 站点的工作要求。

VAS6150B 大众汽车故障诊断仪外形如图 6-1 所示。

单元六 大众帕萨特新领驭 CAN 控制系统检修

图 6-1 VAS6150B 大众汽车故障诊断仪

❶ AS6150B 大众汽车故障诊断仪的主要功能

VAS6150B 大众汽车故障诊断仪的主要功能如下：
(1) 读取、清除故障码。
(2) 执行元件测试。
(3) 基本调整。
(4) 读取数据流。
(5) 单独通道数据。
(6) 控制单元编码。
(7) 自适应匹配。
(8) 专家引导系统。

❷ AS6150B 大众汽车故障诊断仪的菜单介绍

VAS6150B 大众汽车故障诊断仪开机后的主要菜单界面如图 6-2～图 6-4 所示。

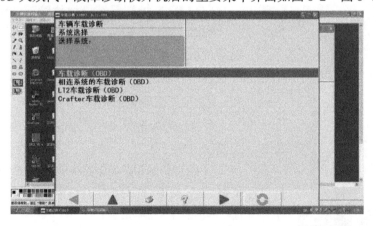

图 6-2 车载诊断主菜单

VAS6150B 大众汽车故障诊断仪通过插入 ODB-Ⅱ插座的蓝牙通信模块建立与汽车电控模块之间的通信联系，如图 6-5 所示。

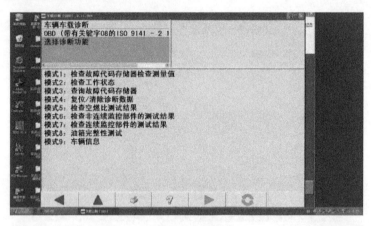

图 6-3　OBD 主菜单

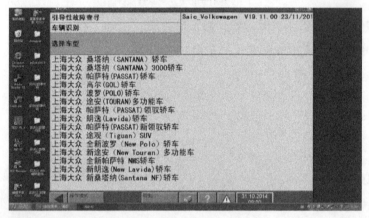

图 6-4　引导性功能查询主菜单

诊断仪开始使用之前，需要输入被测车辆的识别码（在车辆前风窗玻璃左下角）。窗口界面如图 6-6 所示。

图 6-5　VAS6150B 蓝牙通信模块

（二）CAN 控制系统模拟故障下的信号检测

利用大众帕萨特新领驭动力系统示教板和舒适系统示教板，可以检测 CAN 控制系统模拟故障下的信号。

1　电压信号检测

电压信号检测是 CAN 控制系统检测的基本方法，主要作用有三点：

（1）检查控制系统或者对应模块的供电电压是否正常，通过检查可以判断出汽车的供电设备（如蓄电池、发电机等）故障是否正常。

（2）可以检查控制系统的供电回路是否正常（如对应回路的熔断丝、供电回路导线等）。

（3）可以检查控制模块的工作电压是否正常，据

单元六 大众帕萨特新领驭 CAN 控制系统检修

图6-6 被检测车辆识别码输入窗口

此来判断模块自身是否正常和对应的执行机构是否具备正常工作的条件。

② 波形信号检测

波形信号检测是对 CAN 控制系统模块动态工作情况的基本检查,通过识读所检测到的波形图,可以判断该部分的是否处于故障工作状况,借此也可判断是否存在物理上的短路或者断路情况。

③ 通断信号检测

通断信号检测用来判断通信线路(导线)的物理连接以及模块接插件的连接状况。在事故情况下或者由于外层包装材料的变异,通信线路之间可能出现短路、断路等情况,或者与其他点之间发生短路。这样的情况的发生,可能是永久性的、也可能间歇性的。

④ 故障码检测

在汽车点火时和运行过程中,如果出现故障情况(如模块故障、通信故障或者传感器故障等),诊断系统就会将故障内容以故障码的形式(DTC)保存下来。通过汽车诊断仪,可以阅读到存放在 ECU 中的故障码,并且根据诊断仪的提示,寻找故障的原因。

(三) CAN 控制模块电压信号检测实例

① 情境描述

通过对 CAN 控制模块电压信号的检测,了解控制模块各点电压的性质和变化情况,学会根据电压检测结果对系统运行状况做出基本判断。

实例操作是在大众帕萨特新领驭动力系统与舒适系统 CAN 数据车载网络系统示教板上,利用 DSO1200 多功能数字示波表和 DY2201A 汽车万用表完成相应的电压检测。

② 操作步骤

(1) 观察并了解 DSO1200 多功能数字示波表的性能参数、面板功能,阅读使用说明书。

DSO1200 多功能数字示波表是集数字万用表功能和示波表功能为一体的检测仪器,其面板及按键功能如图 6-7 所示。其中,两路波形输入检测笔采用 Q9 型插头从示波表的上部接口连接。数字万用表功能的检测表笔则从示波表的下部端口接入,可根据测量内容的不同选择对应的插口。其中,面板上的"DMM/SCOPE"按键可以实现电压表和示波表之间的快速切换,"AUTO"按键则可以进行自动设置。

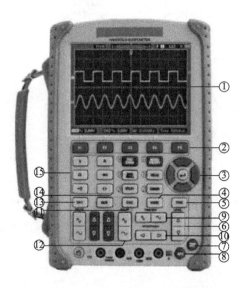

图 6-7　DSO1200 多功能数字示波表面板及功能

仪器在使用之前,都应该首先阅读相关的使用说明书,防止因为使用不当而导致意外情况的发生。

(2) 观察大众帕萨特新领驭舒适系统 CAN 数据车载网络系统示教板。

如图 6-8 所示,是大众帕萨特新领驭舒适系统 CAN 数据车载网络系统示教板上,舒适系统中央控制模块(J393)的连接示意图。J393 模块安装在面板的后面,周边的插孔与模块相应的针脚连接,可以作为信号的检测点。插孔旁标注有模块的针脚号和针脚定义,与汽车原理图上的标注一致。通过观察,可以发现各个模块之间经电气连接构成了对应的汽车网络控制系统,面板上的连接示意图则将汽车电气原理图中的"CAN 网络控制系统"中的关键部分标志出来。借助各个"检测孔",实现实训过程中的信号检测。

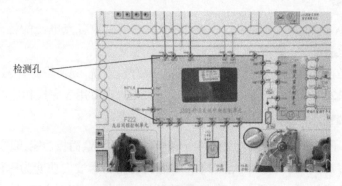

图 6-8　J393 模块连接示意图

(四) 大众帕萨特新领驭 CAN 控制模块模拟故障码的读取实例

1 情境描述

配置有 CAN 总线系统的车辆出现故障时,维修人员应首先检测汽车总线系统是否正常。因为如果总线系统有故障,整个汽车控制系统中的信息将无法正常传输,相关的电控模块都可能无法正常工作。读取故障码是判断电控系统运行情况的一种有效和便捷的方法。

2 操作步骤

(1) 观察并了解大众 VAS6150B 诊断仪的性能参数、菜单功能,阅读使用说明书。

(2) 观察大众帕萨特新领驭舒适系统 CAN 数据车载网络系统示教板。

故障诊断插座(OBD-Ⅱ)安装在动力系统示教板的桌面上,如图 6-9 所示。

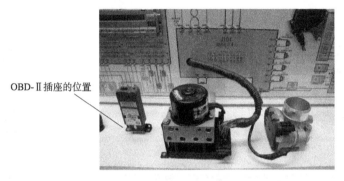

图 6-9　动力系统示教板上的 OBD-Ⅱ插座

(3) 观察故障设置板。大众帕萨特新领驭动力系统与舒适系统 CAN 数据车载网络系统示教板上都设计有模拟故障设置板。其中动力系统示教板上的故障设置板如图 6-10 所示。

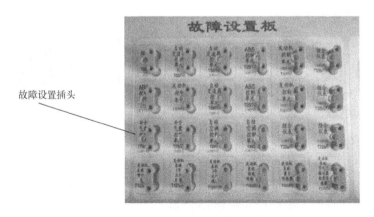

图 6-10　动力系统示教板上的模拟故障设置板

从图 6-10 中可以看出,各个红色的插头边上都标注有控制模块的名称和管脚编号。当故障设置插头插入时(当前状态),该回路是正常导通的。如果拔掉插头,就模拟出回路断路的状态。如果将导线插入上面的插孔之中,同时连接"搭铁"、"正电源"或者其他插孔,就可以分别模拟不同的短路状态。

（4）利用大众 VAS6150B 诊断仪读取 CAN 控制模块模拟故障时的故障码，用 DSO1200 多功能数字示波表检测 CAN 控制模块模拟故障时的波形：

第一步　将诊断仪的蓝牙模块插入示教板 OBD-Ⅱ插座（图 6-9）。

第二步　接通大众帕萨特新领驭动力系统与舒适系统 CAN 数据车载网络系统示教板电源，将点火开关置于"启动"位置并做好以下操作的记录。

第三步　打开 VAS6150B 诊断仪，双击运行"VAS-PC"图标。开机运行时，需要输入被测车辆的 17 位识别码，如图 6-11 所示。然后，系统进入诊断软件主界面，如图 6-12 所示。

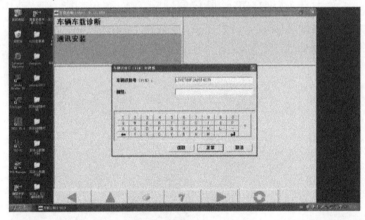

图 6-11　输入 17 位识别码

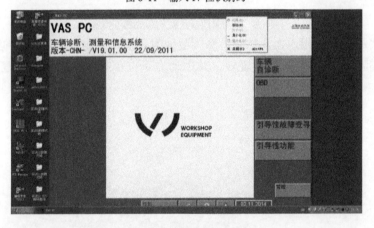

图 6-12　VAS6150B 主界面

第四步　置示教板于正常运行状态，单击进入图 6-4 所示的"车辆诊断（OBD）"菜单条，读取故障码。此时，ECU 中可能会保留着以前运行时的故障码，所以必须执行清除故障码的操作。操作过程如图 6-13～图 6-16 所示。

第五步　在图 6-20 的菜单中首先选择"查询故障码存储器"读取故障码。然后再选择"清除故障码存储器"，将原有的故障码清除掉。

说明：故障诊断仪所读出的故障码为历史数据时，表示这个 DTC 并不是当前检测到的。当汽车自检系统经过 40 个循环检测之后，原有的 DTC 将被消除。如果没有被消除，则可能是因为该故障可能是间歇性的。

单元六 大众帕萨特新领驭 CAN 控制系统检修

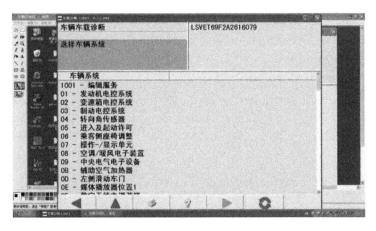

图 6-13 车辆系统选择菜单 1

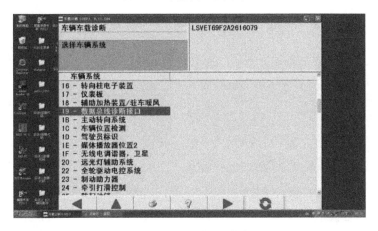

图 6-14 车辆系统选择菜单 2

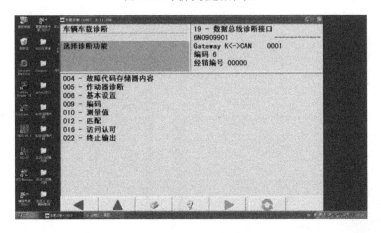

图 6-15 诊断功能选择菜单

第六步 利用 DSO1200 多功能数字示波表检测舒适系统示教板 CAN 线波形。

查阅 J393 舒适系统中央控制模块的端口图，然后分别将示波表的两路红色表笔插入示教板前端 J393 模块的"CAN-H"和"CAN-L"插孔。所测到的两个波形如图 6-17 所示。

143

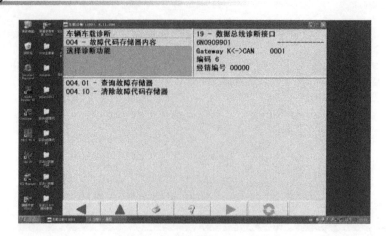

图 6-16　故障码操作选择菜单

第七步　在舒适系统示教板的"故障设置板上"设置舒适系统中央控制单元（J393）CAN-L 线对地短路故障，如图 6-18 所示。

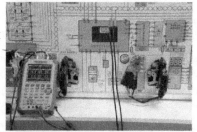

图 6-17　舒适系统 CAN 正常波形　　　　图 6-18　J393CAN-L 线对地短路"故障"

第八步　重复读取故障码步骤，读取设故之后的故障码，如图 6-19 所示。

由于舒适系统 J393 模块 CAN-L 对地短路，此时 CAN 网络系统自动处于"单线运行"状态。

第九步　利用 DSO1200 多功能数字示波表检测舒适系统示教板当前的 CAN 线波形，如图 6-20 所示。

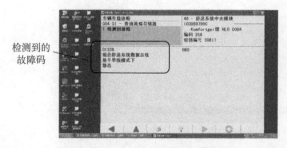
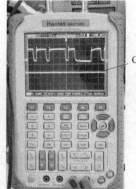

图 6-19　J393 CAN-L 线对地短路故障码　　　　图 6-20　J393 CAN-L 线对地短路时测得波形

第十步　清除故障设置板上的设置，然后清除 VAS6150B 中"故障码存储器"。再次操作"读取故障码"，发现图 6-19 中"01336"故障码消失了，如图 6-21 所示。

单元六　大众帕萨特新领驭 CAN 控制系统检修

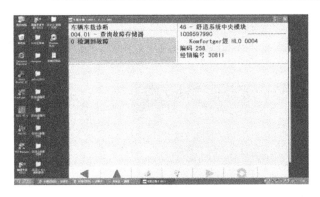

图 6-21　清除故障码存储器

第十一步　在舒适系统示教板的"故障设置板上"设置舒适系统中央控制单元 (J393)CAN-H 线对地短路故障,如图 6-22 所示。

由于舒适系统 J393 模块 CAN-H 对地短路,此时 CAN 网络系统与 CAN-L 对地短路时一样,自动处于"单线运行"状态。

第十二步　利用 DSO1200 多功能数字示波表检测舒适系统示教板当前的 CAN 线波形,如图 6-23 所示。

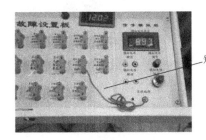

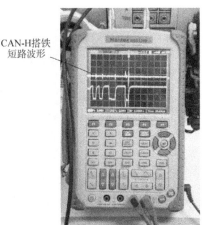

图 6-22　J393 CAN-H 线对地短路"故障"　　　　图 6-23　J393 CAN-H 线对地短路时检测的波形

此时,利用 VAS6150B 所读取的故障码同图 6-19。

清除故障设置板上的设置,然后清除 VAS6150B 中"故障码存储器"。再次操作"读取故障码",同样可发现图 6-19 中"01336"故障码消失了(图 6-21)。

第十三步　在舒适系统示教板的"故障设置板上"设置舒适系统中央控制单元 (J393)CAN-H、CAN-L 线之间短路故障,如图 6-24 所示。

第十四步　利用 DSO1200 多功能数字示波表检测舒适系统示教板当前的 CAN 线波形,如图 6-25 所示。

第十五步　重复读取故障码步骤,读取设置故障之后的故障码,如图 6-26 所示。

注意:由于 CAN 控制系统连接各个模块,因此当某一个点或者模块出现故障时,其他与之相关的模块因为出现通信异常,所以也会产生故障码。不同的模块产生的故障码的数量和种类与相互之间的通信关系有关。

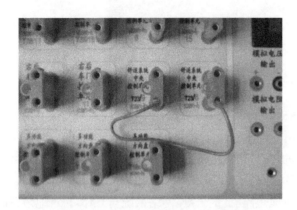

图 6-24　J393 模块 CAN-H、CAN-L 线之间短路

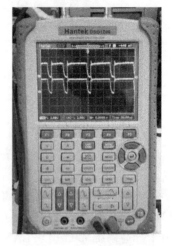

图 6-25　J393 CAN-H、CAN-L 之间
短路时检测的波形

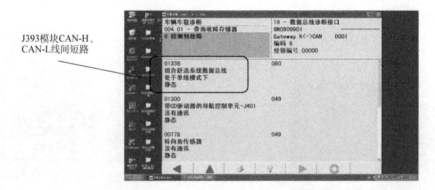

图 6-26　J393 CAN-H 与 CAN-L 线间短路故障码

第十六步查阅相关资料，验证以上各步所测量的波形图是否正确。

二　CAN 控制模块供电电源模拟故障检测

大众汽车网络控制系统中的动力系统和舒适系统，分别连接不同的控制模块。其中驱动系统 CAN 总线模块的电源端连接汽车电源的 15 号端子，通过点火开关的控制方可得电。舒适系统 CAN 总线是由 30 号电源线供电的，一直处在准备被驱动状态。

为了防止汽车蓄电池在发动机不运转时过快放电，需要对整车的电源消耗进行管理。

当关闭点火开关和其他用电器开关（除车门锁按钮开关外），再关闭驾驶侧车门（目的是消除电动车窗升降控制系统中的点火钥匙拔出定时器信号，同时确认车外灯熄灭），1min 内如果不再操作车门开关、照明灯开关、发动机舱盖开关、收音机开关、尾灯继电器熔断丝等，则整车电控系统进入休眠状态。

模块的外部电源电压的改变会导致电子器件工作状态的变化，甚至停止运行。主要控制模块的外部电源系统故障，将使得汽车无法正常运行。

(一)汽车电控单元(ECU)简介

汽车电控单元的主要部分是单片机,单片机是一块集成了微处理器(CPU)、存储器以及输入和输出接口的电路板。输出信号经过功率放大后控制执行器,例如喷油器、点电源线圈、继电器等。随着单片机计算能力和内存容量越来越大,汽车电控单元的功能也越来越多。图6-27所示为汽车电控单元电路板举例。

图6-27 汽车电控单元电路板举例

汽车电子控制系统包括硬件和软件两部分,硬件有电控单元(Electronic Control Unit, ECU)及其接口、传感器、执行机构、显示机构等;软件存储在电控单元中支配电子控制系统完成实时测控功能。图6-28所示为汽车电控单元(ECU)的内部功能结构框图。

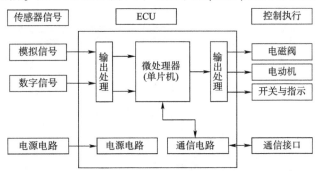

图6-28 ECU的内部功能结构

电控单元内部设计了稳压电源,可以保证不因外部电源恶劣时影响电控单元的稳定工作,同时电控单元的内置电池也保证在外部电源短时缺电时不丢失数据。

在控制执行电路部分,微处理器输出的是+5V脉冲信号,且电流也在15mA以下,不能直接驱动电磁阀、电动机、指示灯等,必须经过输出处理电路进行转换。

当某一控制模块的供电电压异常变化到一定限度时,传感器信号、执行控制信号和通信接口电路都可能出现工作不正常的状况。此时,故障码(DTC)就会被记录到与故障模块具有数据交换关系的模块的 ECU 中。

(二) 总线系统供电电源故障

ECM 的正常工作电压在 10.5～15.0V 范围内。如果汽车电源系统提供的工作电压低于该值,就会造成一些对工作电压要求高的电控模块 ECM 出现短暂的停止工作,从而使整个车载网络信息传输系统出现短暂的通信中断。

汽车供电电源的故障,一种情况属于供电系统(发电机系统)或者保护系统(如电源熔断丝熔断)等原因而产生的"断电"故障,这是"硬故障"。另一种,则是由于线路老化、绝缘情况改变或者由于模块部件性能变差导致的电源负载的改变,而后者的损坏往往要经过一个过程。在此期间,系统运行可能就会出现一些无规律的间歇性症状,导致供电电源电压下降。不同的电子模块对于供电状况恶化的承受能力有所不同,所以在供电电源异常时,一些电子部件会逐步退出运行,从而影响到整个系统的正常运行。CAN 总线系统控制模块如果退出运行,直接会导致数据通信的中断。

(三) CAN 控制模块电源故障时的信号变化检测实例

1 情境描述

对 CAN 控制模块电源故障时的信号变化进行跟踪和检测,了解供电电源异常时对电控模块工作状态的影响。了解在汽车网络控制模块检修时,根据供电电压、网络波形和故障码(DTC)变化的连带关系做出工作原因的基本判断的方法。

2 检测过程

操作说明:在改变舒适系统控制模块的供电电源电压时,分别使用数字示波表器来观察 CAN 总线故障情况并读取相应的故障码。

第一步 将 DSO1200 多功能数字示波表和 VAS6150B 汽车诊断仪与示教板连接,如图 6-29 所示。

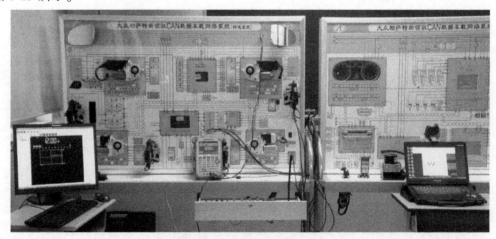

图 6-29 检测仪器与示教板连接

第二步　将示教板起动,并调整电控模块电源电压为12V,如图6-30所示。

图6-30　调整电控模块电源电压为12V

第三步　检测并记录正常运行状态时的波形信号和DTC,如图6-31和图6-32所示。

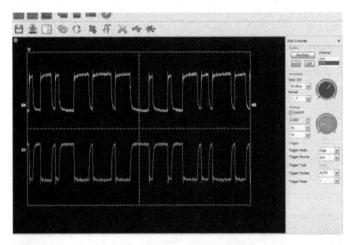

图6-31　舒适系统CAN总线波形

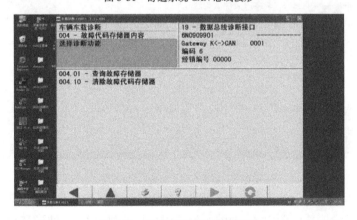

图6-32　从数据诊断接口读取DTC

说明:此时,舒适系统运行是正常的。

第四步　将舒适系统供电电源电压调至10V左右,如图6-33所示。

图 6-33　降低舒适系统电源电压

重复检查 CAN 波形同图 6-31,舒适系统中央模块 DTC 检查结果如图 6-34 所示。从数据总线诊断接口读取的 DTC 如图 6-35 所示,其中没有与舒适系统相关的内容。

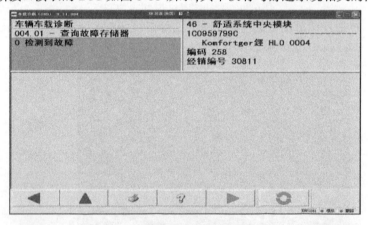

图 6-34　舒适系统中央模块读取 DTC

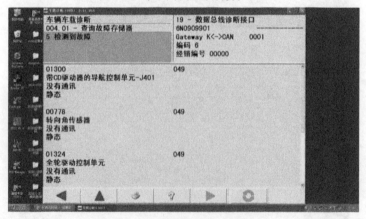

图 6-35　数据总线诊断接口读取 DTC

此时,舒适系统信号仍然是正常的。但是从汽车起动的角度看,此时发动机已经无法起动。

第五步　继续调低电源电压,如图 6-36 所示,并且观察 CAN 波形和相关的 DTC。

此时从舒适系统中央模块 DTC 检测可以发现出现了许多的相关故障码,如图 6-37～图 6-41 所示。

单元六　大众帕萨特新领驭 CAN 控制系统检修

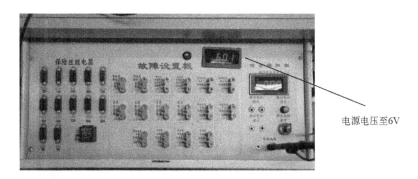

电源电压至6V

图 6-36　继续调低电源电压

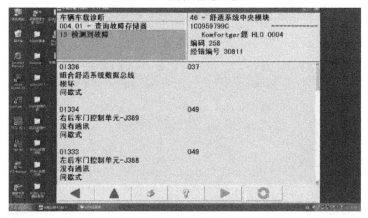

图 6-37　读取 DTC 代码 1

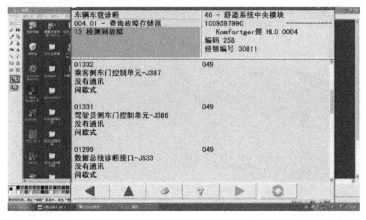

图 6-38　读取 DTC 代码 2

分析说明：

①以上读取的 DTC 中，01336、01334、01333、01332、01331、01299 代码都是在电控模块的电源电压继续下调时，一些模块退出运行的结果。相同的故障码说明中也出现了"供电电压过小"的描述。因为"起因"都是"电压过小"，判断的结果就都是"损坏"或者"没有通信"，所有代码也是一致的。检测中发现，涉及的模块和代码内容都是时有时无的（间歇性），处于不稳定状态，测得的舒适系统的 CAN 线波形也是不稳定的。

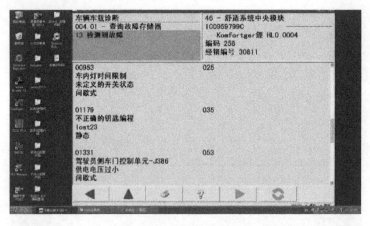

图 6-39　读取 DTC 代码 3

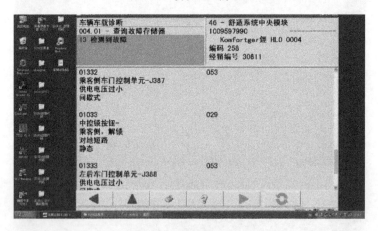

图 6-40　读取 DTC 代码 4

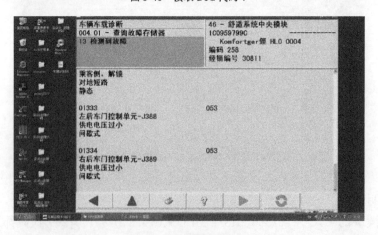

图 6-41　读取 DTC 代码 5

②需要进一步说明的是,选择不同的电控模块时,检测到的 DTC 数量是不一样的。这是因为模块 ECU 中存放的 DTC 是本模块与其他模块进行通信的状态,上面图中因为都是从"舒适系统中央模块"读取的,所以读到的 DTC 比较多(如 J386、J387、J388、J389 等)。

三 网络控制系统模块更换与匹配

随着汽车产品的不断升级,在线验证维修模式也逐步成为现代汽车维修特征的一个重要部分。汽车电控模块、网络控制模块、防盗监视模块等被整合设计到一起,模块功能之间的相互渗透成为汽车制造工艺快速进步的发展方向。网络控制系统模块更换之后的编码、匹配和数据传输,也成为汽车电器维修岗位所需技能的一个新的需求。防盗系统对整车主要模块的监视,要求维修的过程和配品配件的选用必须规范化和工艺化,专用诊断设备的作用将被突出到无法替代的高度。

(一)大众车系的防盗系统介绍

大众汽车公司从 1995 年开始采用发动机防盗系统,至今已经发展了五种类型的防盗系统:IMM01、IMM02、IMM03、IMM04、IMM05。

❶ 第一代防盗系统 IMMO1

IMMO1 是 1997 年以前使用在奥迪 A4、A6、帕萨特 B4、桑塔纳等型号车上的防盗系统,被归类于大众第一代防盗系统,如图 6-42 所示。

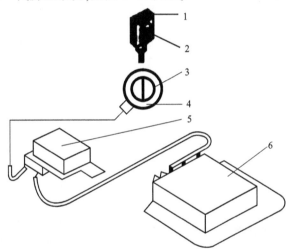

图 6-42 大众第一代防盗系统示意图
1-车钥匙;2-脉冲转发器;3-点火开关;4-识读线圈;5-防盗 ECU;6-发动机 ECU

❷ 第二代防盗系统 IMMO2

IMMO2 是第二代防盗系统,1997～2000 年生产的奥迪 A2、A3、A4、A6 和帕萨特 B5 等轿车均采用此防盗系统。

第二代防盗系统能在识读线圈与防盗 ECU 之间形成一个随机的变码,非授权的钥匙不能起动发动机。其工作过程如图 6-43 所示。

第二代防盗系统将防盗 ECU 设置在组合仪表内。

❸ 第三代防盗系统 IMMO3

一汽生产的奥迪 A6、新款宝来、波罗、帕萨特 B5 1.8T、2.8 均配置了第三代防盗系统。在第三代防盗系统中,防盗系统控制单元与组合仪表是集成在一起的,钥匙上压有

"W"标记。工作原理如图6-44所示。

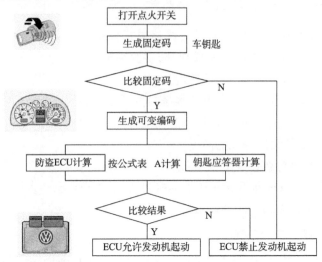

图6-43 大众第二代防盗系统工作流程

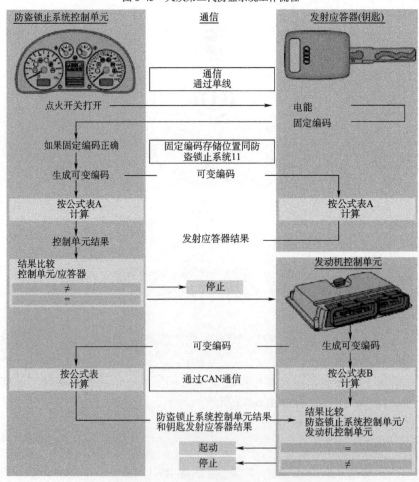

图6-44 大众第三代防盗止动器工作原理

IMMO3 的问世,使维修站的技师不再知道真正的四位 PIN 码,维修工作中也不能任意更换控制单元,因为在控制单元软件中增加了 VIN 码和 IMMO_SN 配对验证机制。换言之,制造商开始加强对零配件的管理。

❹ 第四代防盗系统 IMMO4

(1)第四代防盗系统 IMMO4 的特点。

大众第四代 WFS 防盗系统,是一种新的防盗系统,专用故障诊断仪不但实现了远距离诊断功能,而且实现了与中央数据库的连接,故障诊断仪和数据库可自动进行直接通信,实现对 WFS 防盗系统部件的匹配,因而系统安全性得到了更高程度的保障。

例如,新款桑塔纳上配备了第四代防盗锁止系统。该系统在未识别到有效钥匙时始终被激活,通过干预发动机控制单元 J220 使得发动机熄火,防止他人肆意开动车辆,如图 6-45 所示。

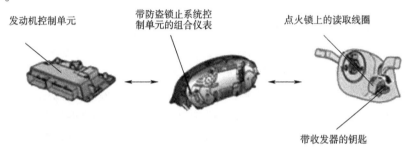

图 6-45　新款桑塔纳防盗系统

第四代 WFS 是一种防盗功能系统。它将所有与防盗相关的控制单元的数据库都存储在中央数据库中。中央数据库 FAZIT(车辆查询和中央识别)是第四代 WFS 系统的组成部分。这个数据库存储了控制单元所有与防盗系统相关的数据,这些控制单元将"防盗锁止"和"部件保护"功能连成一体,如图 6-46 所示。

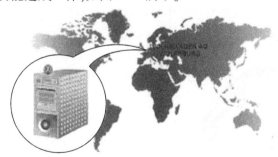

位于狼堡的中央数据库是第四代防盗系统的核心部分。FAZIT 是"车辆信息和核心识别工具"的缩写,集成在控制单元中的防盗功能信息均存储其中。可以联网验证。除非在线,否则无法完成防盗器匹配。

图 6-46　FAZIT 中央数据库

防盗锁止系统控制单元集成在组合仪表内,其他还包括以下部件:

①组合仪表表面上的一盏指示灯;

②安装在点火锁上的读取线圈;

③带收发器的经过适配的钥匙;

④发动机控制单元。

这些部件都处在防盗系统的监视之下,无法任意替换。

新款桑塔纳防盗系统数据交换过程如下:

打开点火开关后,收发器向防盗锁止系统发送一个已保存的固定编码。如果编码得到防盗锁止系统验证,就会通过随机编码生成器生成一个滚动码,然后将这个滚动码传输到车钥匙里的收发器上。此时车钥匙的收发器和防盗锁止系统控制单元各自开始进行计算。

①如果计算结果相同,表示识别出了正确的车钥匙。接着开始检查位于防盗锁止系统控制单元和发动机电控单元之间的滚动码。如果结果是一致的,车辆将正常起动。

②由于计算过程是保密的,计算出来的滚动码无法解密。因此,原则上车钥匙是不可以复制的,必须在丢失或更换时匹配一把新的钥匙。

防盗钥匙的结构如下:

①钥匙是采用机械钥匙条的,能够开启驾驶员侧车门和行李舱车锁。

②钥匙发射应答器集中于汽车电气系统中,电池无电的情况下,也能正常工作。

③钥匙能够提高无线电和控制单元进行双向通信。

④配备第四代防盗锁止系统的钥匙,在制造商出厂前针对每辆车,已经进行过机械和电子编码,即对钥匙的内齿进行特殊加工(基础编码),确保该钥匙只能被匹配到指定的车辆上。

⑤全车锁需要用车辆的底盘号订购,预订车辆钥匙在出厂时已经对所指定的车辆进行了预编码,只能用于此辆车。

第四代 WFS 防盗系统主要特征:

①所有与防盗相关的控制单元的数据都存放在大众汽车公司德国总部中央数据库 FAZIT 内,对安全防范更加严密。

②所有与防盗相关的控制单元在维修过程中,都是通过专用诊断仪直接经过大众内网登录后连接大众汽车公司德国总部中央数据库 FAZIT。经过合法性认证之后,诊断仪与数据库直接通信,所有匹配数据由诊断仪自动完成,因而防盗系统的安全性得到了更高程度的保障。

③由于上述的操作过程,制造商几乎可以做到对车辆运行和维修状况的全部跟踪,对于软件性能的升级和召回也更加实时。

④通过在线查询,可以将数据准确、快捷、可靠的发送到车辆上。防盗系统监视下的控制模块必须通过在线验证,仿冒汽车配件产品的使用将导致被永久性的"封锁",结果导致维修费用的增加。

(2)登录制造商的内网数据库实例。

上海大众全新帕萨特配置了第四代防盗系统,在网络控制系统模块的匹配过程中,首先需要经过登录制造商的内网数据库进行验证。

第一步 通过 IE 登录大众汽车内网并且输入授权用户名与动态密码。

第二步 起动 VAG6150B 诊断仪,进入"引导性功能"选择菜单,选择对应的车型后选择其中"防盗器(4C 在线防盗)"选项,如图 6-47 所示。

单元六　大众帕萨特新领驭 CAN 控制系统检修

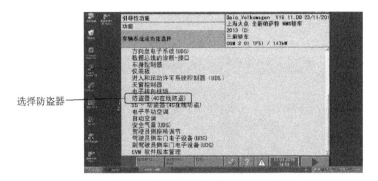

图 6-47　选择防盗器菜单

第三步　在模块选择菜单中选择对应的模块，如图 6-48 所示。

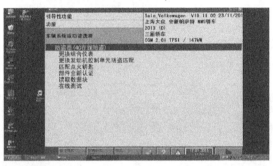

图 6-48　选择对应的模块

第四步　出现 FAZIT 系统认证提示窗口，如图 6-49、图 6-50 所示。

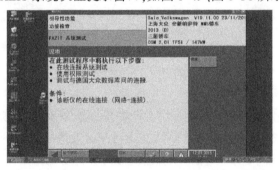

图 6-49　FAZIT 系统认证提示窗口

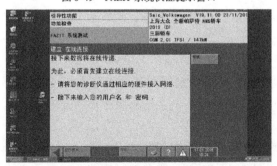

图 6-50　FAZIT 系统认证登录提示窗口

第五步　跟随引导型菜单,进行对应的选择后,系统将要求输入相应的客户信息,如图 6-51 所示。

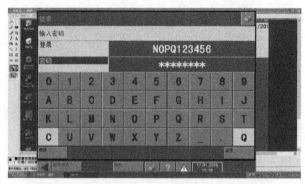

图 6-51　客户信息输入

只有通过上述认证之后,防盗系统监视下的电控模块才可以进行匹配和设置。否则系统将自动关闭,如图 6-52 所示。

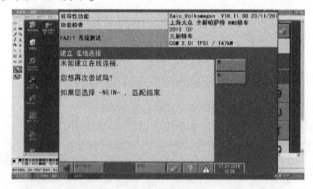

图 6-52　认证失败提示

5 第五代防盗系统 IMMO5

作为第四代防盗器的升级版,第五代系统在维修服务来看与第四代系统基本一致。只是在使用诊断仪进行有关防盗器方面的工作程序极大地简化,如更换防盗器元件以后的匹配。第五代防盗器中的许多操作步骤已更倾向于自动化,为了简化操作,某些询问步骤已被删除。

在第五代防盗系统 IMMO5 中,每个控制单元有两个状态(图 6-53):

①状态 1(新件)。

②状态 2(已进行过适配或者从其他车上拿来用的)。

在已完成适配的状态时,所有控制单元都处于状态 2,且它们都具有相同的"车辆识别号"。由此可以看出,FAZIT 对所有的大众品牌汽车的维修都将建立起一个完整的跟踪数据库。

(二)大众新帕萨特汽车钥匙匹配实例

有一辆大众新帕萨特 2014 款汽车,需要执行钥匙匹配项目,车辆如图 6-54 所示。

操作过程如图 6-55 和图 6-56 所示。

单元六 大众帕萨特新领驭 CAN 控制系统检修

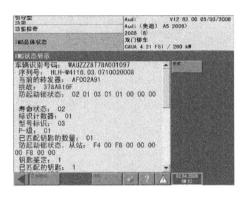

图 6-53 大众诊断仪查询第五代防盗系统控制单元状态

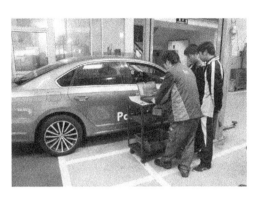

图 6-54 进行钥匙匹配的车辆

图 6-55 大众专用诊断设备

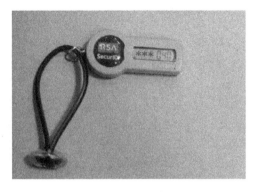

图 6-56 动态生成用户密码的软件

匹配过程如下：

第一步 进入大众汽车内网，输入用户名和动态密码，如图 6-57 所示。

图 6-57 登录大众汽车内网

第二步 开始链接内网，如图 6-58 所示。

第三步 登录到中央数据库 FAZIT，如图 6-59 所示。

第四步 读取注意事项，如图 6-60 所示。

第五步 进入诊断界面，如图 6-61 所示。

汽车网络控制系统检修

图 6-58 开始远程登录大众数据库

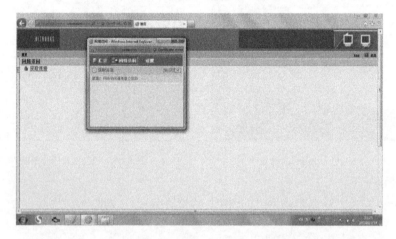

图 6-59 已经登录中央数据库 FAZIT

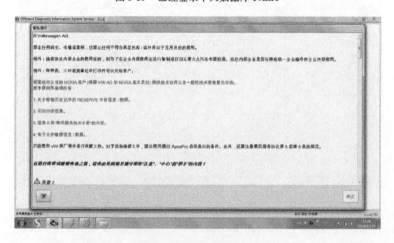

图 6-60 读取注意事项

第六步 选择车型和发动机,如图 6-62 所示。
第七步 读取车辆信息和模块信息,如图 6-63 所示。

单元六 大众帕萨特新领驭 CAN 控制系统检修

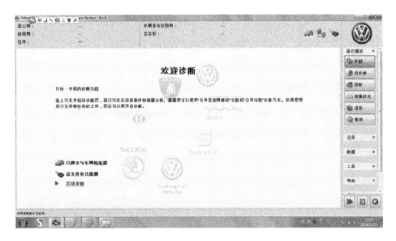

图 6-61 进入诊断界面

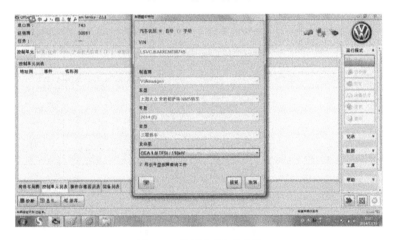

图 6-62 选择车型和发动机

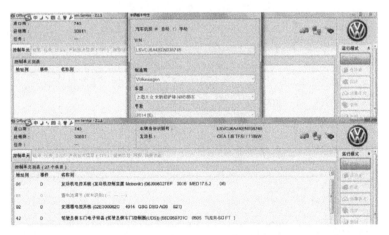

图 6-63 读取车辆信息和模块信息

第八步 检查版本信息,如图 6-64 所示。

第九步 选择地址 25,选择"匹配点火钥匙"选项,如图 6-65 所示。

图 6-64　检查版本信息

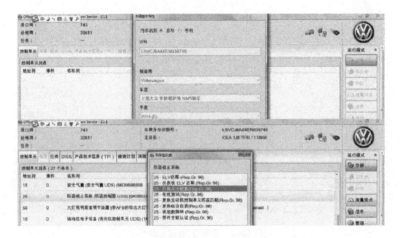

图 6-65　选择"匹配点火钥匙"选项

第十步　开始匹配点火钥匙流程，如图 6-66 ~ 图 6-72 所示。

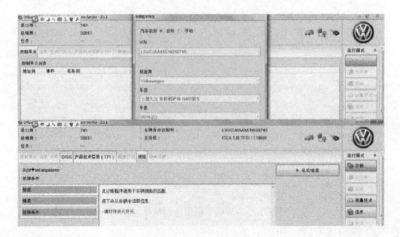

图 6-66　匹配信息准备

单元六　大众帕萨特新领驭 CAN 控制系统检修

图 6-67　输入委托人姓名

图 6-68　输入委托书号

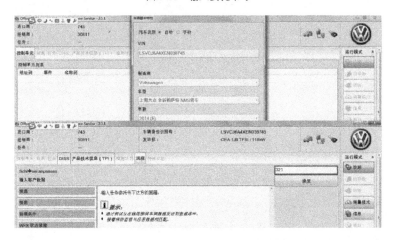

图 6-69　输入委托书下达方的国籍

　　大众新帕萨特汽车钥匙匹配实例,是一个进入第四代防盗系统之后汽车维修流程的说明。

图 6-70　确定匹配钥匙数量

图 6-71　开始钥匙匹配

图 6-72　匹配结束检测成功

(三) 大众帕萨特新领驭电控模块 J393 和 J104 的更换实例

在更换电控模块之前,一般需要首先查看电控单元的编码,然后给新换的电控单元写入相同的编码。这就是模块的匹配,编码错误轻则导致车辆性能不良,重则会导致车辆发

单元六 大众帕萨特新领驭 CAN 控制系统检修

生严重故障,所以需要非常认真地操作。在采用第三代防盗系统的车型维修时,于上述的这些匹配操作之前,必须先通过诊断仪与 FAZIT 数据库建立的在线连接验证。

如果原来的模块发生严重损坏,无法读出编码,授权维修站点也可以根据车辆的识别符生产时间联网到生产商的数据库中调取。

❶ 情境描述

一辆大众帕萨特新领驭更换了电控模块 J393 和 J104,需要将模块的原始工作编码重新写入并将新模块纳入到运行系统中。

本实例是在大众帕萨特新领驭舒适系统 CAN 数据车载网络系统示教板上完成,是对大众第二代防盗系统 IMMO2 监视之下的网络控制模块进行更换操作。主要内容是模块更换之后的匹配操作。由于是第二代防盗系统,所以不需要与 FAZIT 进行联网验证。

❷ 操作步骤

(1)观察并了解大众帕萨特新领驭电控系统和舒适系统示教板上 J393 和 J104 电控模块的安装位置,如图 6-73 和图 6-74 所示。

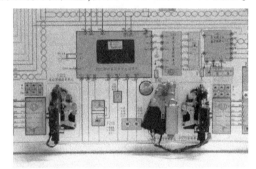

图 6-73 J393 电控模块　　　　　　　图 6-74 J104 电控模块

(2)阅读新领驭汽车维修手册和电路图,阅读本课题中关于 IMMO1—IMMO5 的相关描述。

(3)将 VAS6150B(或 VAS5052)通过 ODB-Ⅱ 插座接入示教板系统,读取 J393 和 J104 电控模块的原始数据,如图 6-75 和图 6-76 所示。

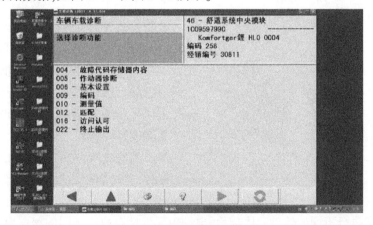

图 6-75 J393 原始数据读取

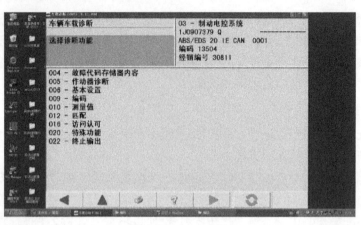

图6-76　J104原始数据读取

（4）更换电控模块，如图6-77所示。

第一步　拔下电控模块的线束插座，如图6-78所示。

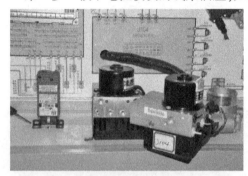

图6-77　更换电控模块

图6-78　拔下电控模块的线束插座

第二步　换上新的电控模块（以J104为例）并插好线束插头，如图6-79所示。

图6-79　换上新的电控模块

（5）J393模块的匹配操作。

第一步　利用大众专用诊断仪阅读并记录下原来J393模块的编码数据（图6-75）。

从阅读的界面上可以发现"经销商编号=30811"和"编码值=258"这样的数据。其中经销商编号是销售该电控模块的供货商的识别代码，从这个代码可以追踪到备件的来源，这是提供质保的重要数据。而编码值是对该模块的功能设置的编码记录。

为了降低成本，在同一品牌的汽车控制模块的硬件，有时能够适应多种车型。而在软件生产时，在电控单元内部预先存储了不同的软件程序模块。给电控单元编码之后，不同的编码就代表了执行不同的软件程序模块，电控单元硬件在执行不同的程序模块之后，控制的功能就会发生变化。

第二步 利用大众专用诊断仪重新进入更换以后的 J393 模块阅读选项,此时可以发现,在编码栏中是空白的。

第三步 利用大众专用诊断仪,在主界面下选择"车辆车载诊断"、选择新领驭车型和生产时间和"舒适系统中央模块",进入以下界面,如图 6-80 所示。

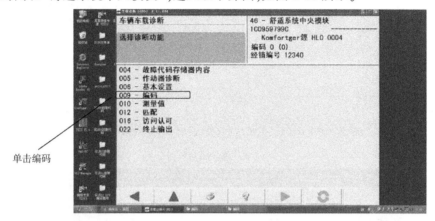

图 6-80 舒适系统中央模块

单击其中"009 – 编码",进入下一界面,如图 6-81 所示。

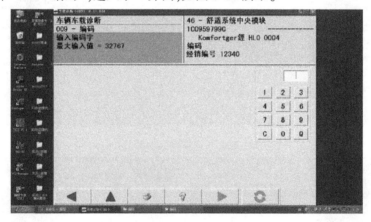

图 6-81 舒适系统中央模块编码

在输入框中填入原来模块的编码数据"258",单击小键盘上"Q"确认。此时,新换的 J393 模块与原来的模块具有了相同的功能。

第四步 J393 设置编码含义的验证学习。

在 VAS6150B 诊断仪上,如果需要更改 J393 模块的功能时,可以从另一个功能键进入进行设置。从设置的结果可以验证前面所检测到的编码数据的含义。

参照下述参考界面进行一次完整和快速的验证。

①启动图 6-3 所示的 VAS6150B 诊断仪的主界面选择引导性功能键后,进入图 6-82 界面。

②如图 6-83 所示,选择"上海大众帕萨特(PASSAT)新领驭轿车"。

③如图 6-84 所示,选择"2009(9)"。

④如图 6-85 所示,选择"小轿车"。

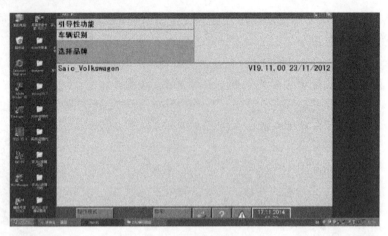

图6-82 选择品牌界面

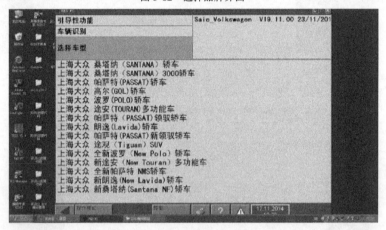

图6-83 选择车型界面

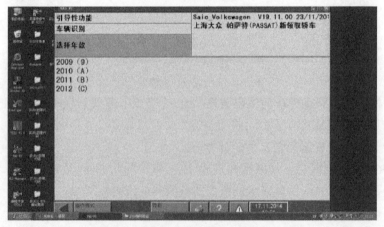

图6-84 选择年款界面

⑤如图6-86所示,选择"CED 1.8L Montronic/120kW(带OBD)"项。

⑥如图6-87所示,选择确认。

⑦如图6-88所示,选择"舒适系统"项。

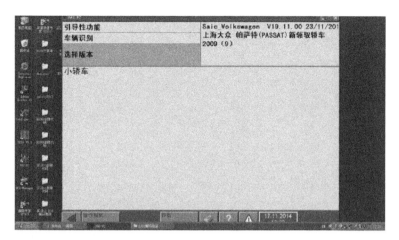

图 6-85　选择版本界面

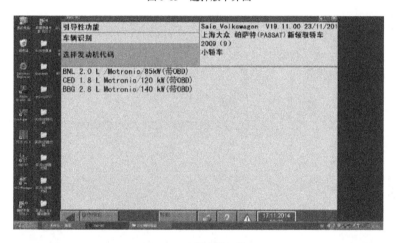

图 6-86　选择发动机代码

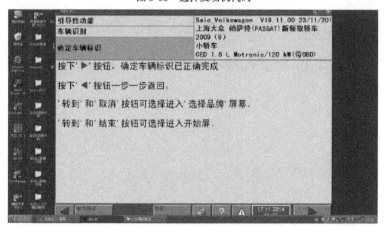

图 6-87　确定车辆标识界面

⑧如图 6-89 所示,继续选择"编码(车门开启设定)"项。

⑨如图 6-90 所示,确认所选项。

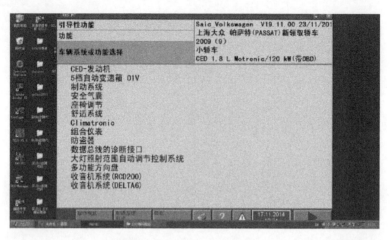

图 6-88 选择系统或功能界面

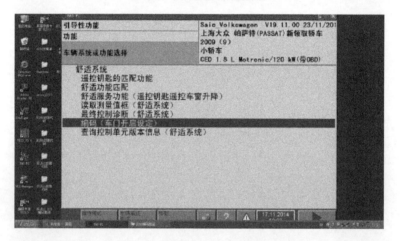

图 6-89 选择编码(车门开启设定)界面

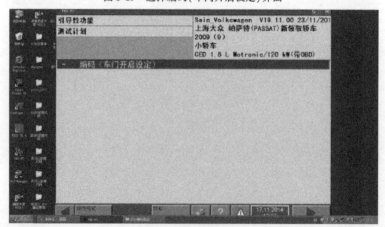

图 6-90 选择确认编码

⑩如图 6-91 所示,单击"完成"按钮,关闭提示内容。

如图 6-92 所示中,有两种不同的控制方法选择,先选择选项"1 – 集控门锁,驾驶员车

单元六　大众帕萨特新领驭 CAN 控制系统检修

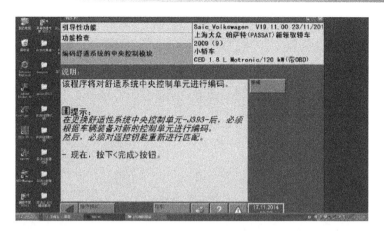

图 6-91　阅读提示

门单独开启"。进入图 6-93 所示界面。

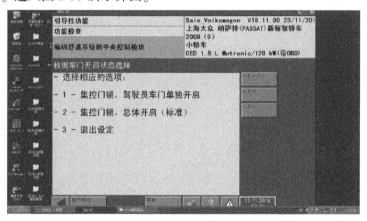

图 6-92　控制模式选择界面

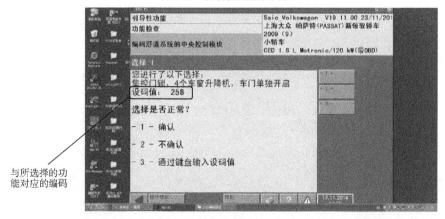

图 6-93　"选择 1"确认界面

此时,对照图 6-80 中的"编码",发现数据相同,都是"258"。所以图 6-75 所示界面中 J393 的原始数据"编码 = 258",所对应的是"集控门锁、4 个车窗升降机、车门单独开启"的模块功能。

图 6-92 中,如果选择界面中的"2"按钮,平台将进入图 6-94 和图 6-95 所示的界面。

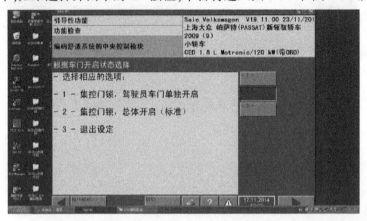

图 6-94 选择"车门开启状态选项"

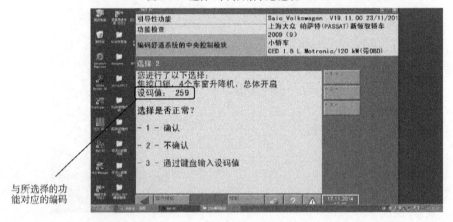

图 6-95 车门开启状态选项 2 时编码

从图 6-95 中可以看出,此时对应的编码值为 259。这是因为模块的控制功能变了。

图 6-92 中,如果选择"3"按钮,可以直接进入图 6-96 所示的界面,单击数字(编码值)之后再单击"Q"确认。

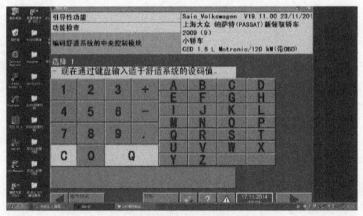

图 6-96 直接输入编码值

单元六 大众帕萨特新领驭 CAN 控制系统检修

设置编码以后,将出现图 6-97 所示的界面,确认执行编码程序。

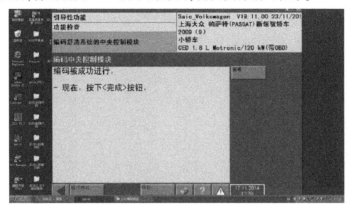

图 6-97 执行编码程序

执行编码程序之后,系统自动进入功能测试流程,如图 6-98 所示。

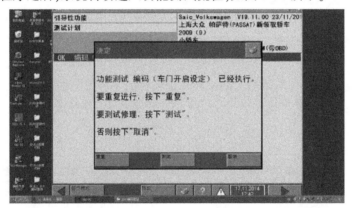

图 6-98 执行编码程序后的功能测试

通过这个编码设置过程,很好地说明编码值的含义。

第五步 J104 模块更换后的编码写入。

如图 6-99 和图 6-100 所示。流程可参考关于 J393 模块编码值的设置。

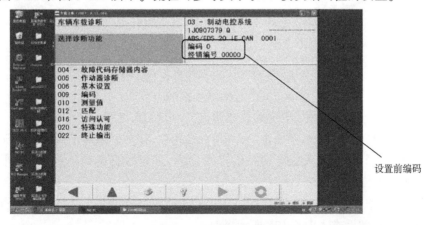

图 6-99 新换 J104 模块数据

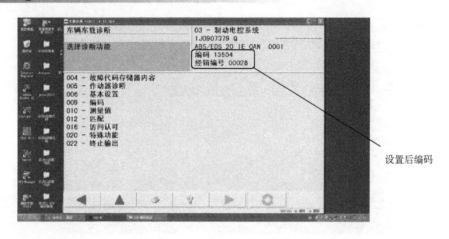

图 6-100 匹配以后的 J104 模块数据

(四) 大众帕萨特新领驭汽车钥匙匹配实例

说明：电控发动机钥匙的匹配操作主要发生在车辆钥匙丢失、损坏的时候，也有可能发生在舒适系统电控模块更换之后（例如舒适系统中央控制模块 J393）。

操作步骤：

第一步 启动图 6-3 所示的 VAS6150B 诊断仪的主界面，选择引导性功能键后，参照图 6-82～图 6-87 界面进行操作后（图 6-88），选择菜单中的"舒适系统"项。

第二步 选择菜单中的"遥控钥匙的匹配功能"选项（图 6-89），进入如图 6-101 所示界面。

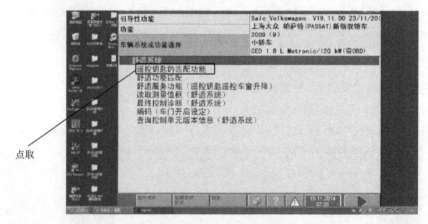

图 6-101 选择遥控钥匙匹配功能

第三步 如图 6-102 所示，单击确认按钮，进入图 6-103 界面。

第四步 在图 6-103 所示界面中，有两种可选择项，分别了解其不同的操作流程。首先单击"1"键，选择"匹配带无线电遥控的车钥匙"。进入如图 6-104 所示界面中。从图中看出，有 4 种可选择内容。

第五步 选择"匹配现有的带无线电遥控的车钥匙"功能（图 6-104），阅读提示信息后，单击"完成"按钮后进入图 6-105 所示界面。

单元六　大众帕萨特新领驭 CAN 控制系统检修

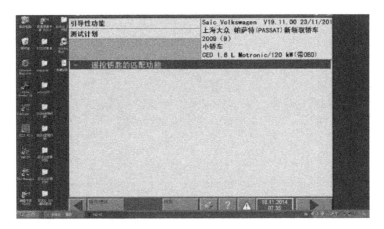

图 6-102　再一次选择遥控钥匙匹配

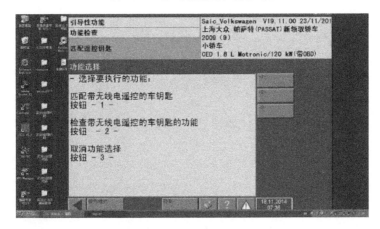

图 6-103　匹配遥控钥匙界面

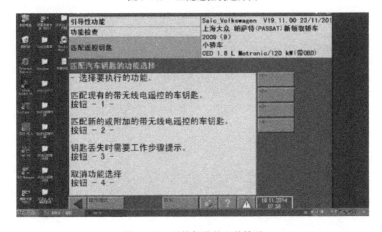

图 6-104　遥控钥匙的 4 种情况

按照图 6-105 所示中的要求，单击"是"确认按钮。

第六步　分别按照图 6-106～图 6-109 所示中提示的内容，确定所要匹配的钥匙的数量。

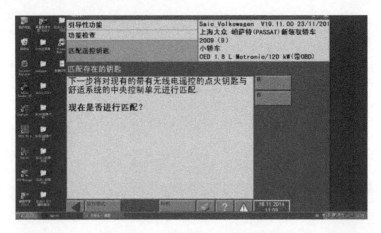

图 6-105　匹配存在的钥匙执行前确认

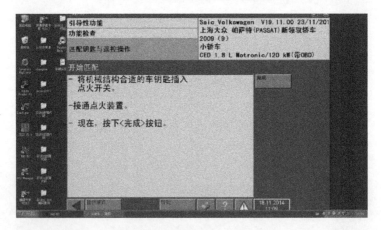

图 6-106　匹配钥匙插入提示

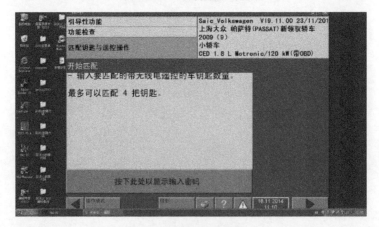

图 6-107　匹配钥匙总数询问

因为汽车钥匙匹配是对该车所有钥匙的一次性的统一操作,操作完成之后,其他的钥匙(如有遗漏)将失效,所以系统不断地进行提示,操作中也应格外注意。图 6-110 所示界面是执行钥匙匹配前的最后警示。

单元六 大众帕萨特新领驭 CAN 控制系统检修

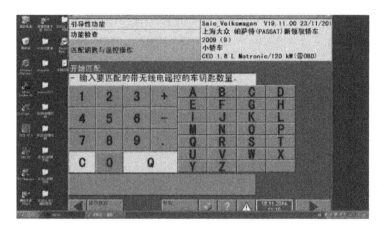

图 6-108 匹配钥匙总数输入

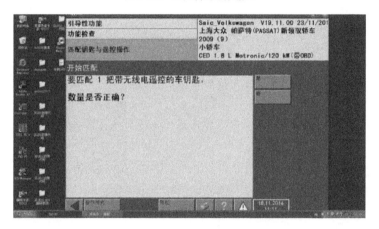

图 6-109 匹配钥匙数量再次确认

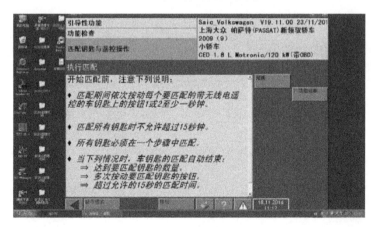

图 6-110 匹配前的最后警示信息

第七步 开始匹配,如图 6-111 所示。

第八步 匹配中的钥匙的功能键操作跟随图 6-112~图 6-114 的界面提示进行。

第九步 匹配完成后的系统检查,如图 6-115 所示。

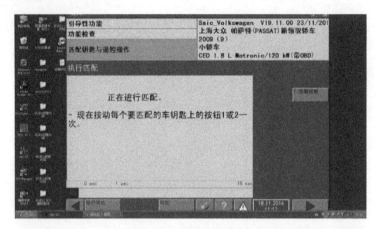

图 6-111 开始匹配界面

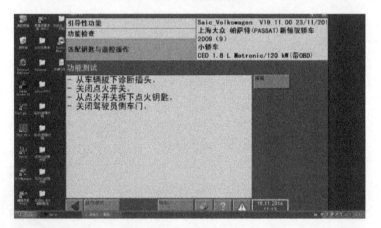

图 6-112 匹配操作界面 1

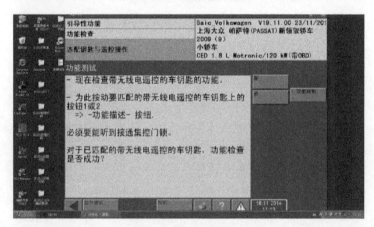

图 6-113 匹配操作界面 2

如果匹配不成功,系统将提示是否"重复该过程",如图 6-116 所示。否则将提示匹配成功。从第五步至此,"匹配现有的带无线电遥控的车钥匙"功能的操作结束。

第十步 在第五步图 6-104 所示的界面中改为选择"匹配新的或附带的带无线电遥

单元六　大众帕萨特新领驭 CAN 控制系统检修

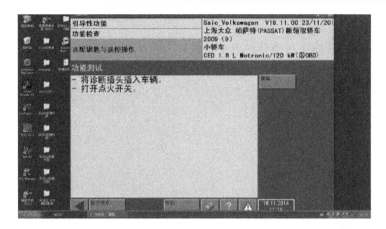

图 6-114　匹配操作界面 3

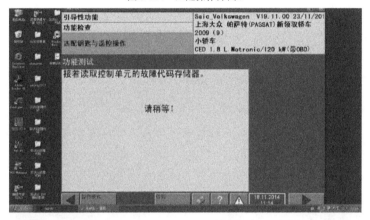

图 6-115　匹配后系统检查

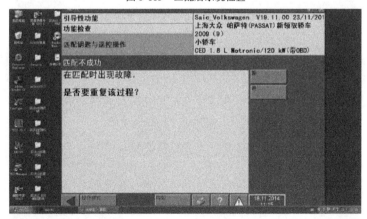

图 6-116　匹配不成功提示

控的车钥匙"功能。单击"2"键后,进入如图 6-117 所示的界面中,点击"完成"键确认,并在出现下一个提示界面后再一次确认。

系统开始进入钥匙匹配流程,其界面同图 6-106 ~ 6-116 所示。

以下流程是钥匙丢失时需要进行的操作步骤提示。

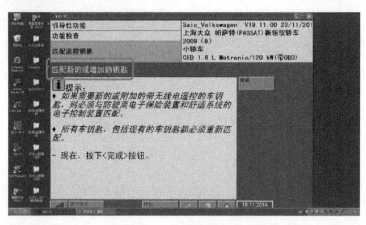

图 6-117　匹配新钥匙说明

第十一步　在第五步图 6-104 所示的界面中改为选择"钥匙丢失时需要工作步骤提示"功能并单击"3"键后,进入如图 6-118 所示的界面中。

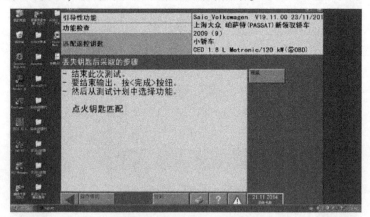

图 6-118　结束当前程序提示

根据图 6-118 中提示,首先结束当前的程序,然后进入"点火钥匙匹配"程序,如图 6-119、图 6-120 所示。

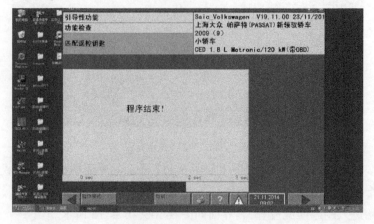

图 6-119　程序结束界面

单元六 大众帕萨特新领驭 CAN 控制系统检修

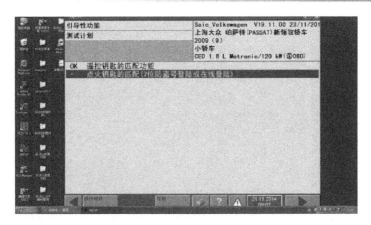

图 6-120 进入点火钥匙匹配程序

注意："钥匙丢失"的含义是多样的，可以是真正的丢失，也可能是因为更换模块之后需要对原有的钥匙信息进行重新匹配，甚至可以理解为车辆丢失以后的点火钥匙的重新匹配。因此，制造商在流程设计的过程中，加入了对"匹配"身份的确认，也就是对原有防盗密码的验证过程。由于车辆制造年份的不同，验证密码可能是 4 位的、也可能是 7 位的。

验证过程中的提示信息如图 6-121 ~ 图 6-123 所示。

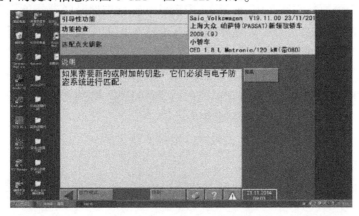

图 6-121 匹配点火钥匙说明

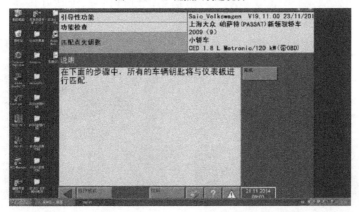

图 6-122 匹配前说明

汽车网络控制系统检修

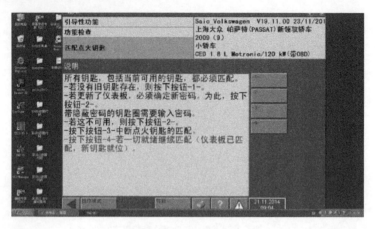

图 6-123　匹配一致性提示

四　舒适系统电控模块故障检修实例

大众帕萨特新领驭汽车网络控制系统排故操作实例（舒适系统）。

① 情境描述

一辆大众帕萨特新领驭 2012 款汽车，中控锁和电动玻璃升降器不能正常工作。对该车进行初步检查，发现点火开关无论开闭，都只有左前门的中控锁和左前门的电动玻璃升降器可以正常工作，其他车窗的电动玻璃升降器都不工作。但是，如果按动其他门窗上控制该车窗的开关，各个门窗开关均能正常工作。将车门关闭后，将车钥匙插入左前门的锁孔内，进行开锁和闭锁操作，也只有左前门的门锁能开闭。如果将钥匙在开锁或闭锁位置保持，也只有左前门的电动玻璃升降器可以上下工作。

本故障是在实训汽车上根据真实的维修案例而预设的。

② 操作步骤

经过实际检查，初步认定该车的舒适系统存在一定的故障。现场环境如图 6-124 所示。

第一步　用大众 VAS6150B 诊断仪对舒适系统进行检查，连接好仪器的蓝牙模块，打开点火开关，如图 6-125 所示。

图 6-124　新领驭实训汽车

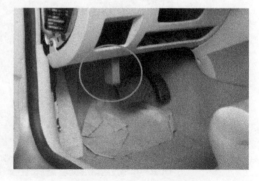
图 6-125　蓝牙模块接入

单元六 大众帕萨特新领驭 CAN 控制系统检修

第二步　通过 VAS6150B 与车辆建立通信,进入舒适系统中央控制模块查询故障,如图 6-126 ~ 图 6-132 所示。

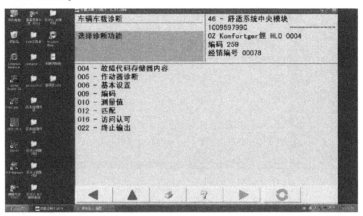

图 6-126　选择诊断功能

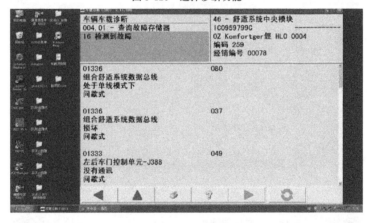

图 6-127　故障码页面 1

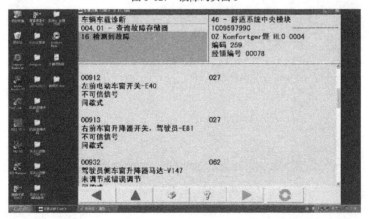

图 6-128　故障码页面 2

第三步　清除故障码存储器后再次阅读舒适系统中央控制模块 DTC,查询到如下 6 个故障:①与左前门窗模块没有通信;②与右前门窗模块没有通信;③与左后门窗模块没

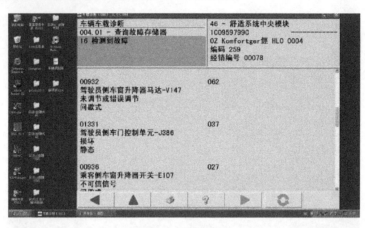

图 6-129　故障码页面 3

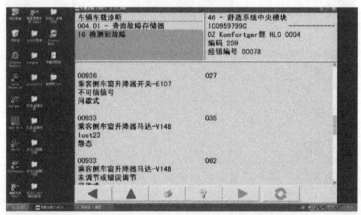

图 6-130　故障码页面 4

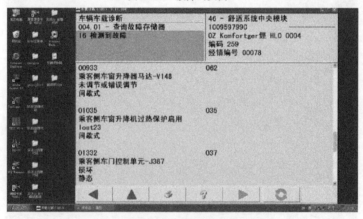

图 6-131　故障码页面 5

有通信;④与右后门窗模块没有通信;⑤与 CAN 数据总线诊断接口 J533 没有通信;⑥舒适系统数据总线单线运行模式等。

第四步　初步分析,上述这些无法清除的故障可能就是造成该车电动玻璃升降器和中控锁无法工作的主要原因了。查阅该车的电气原理图得知,帕萨特新领驭轿车的 4 个车门控制模块 J386～J389 和舒适系统中央控制模块 J393 之间的信号都是通过 CAN 数据总线 W64 和 W65 传递,如图 6-133 所示。

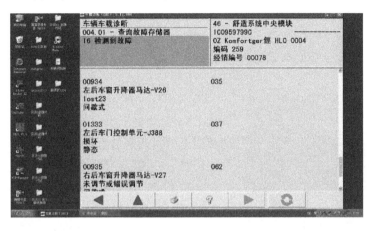

图 6-132　故障码页面 6

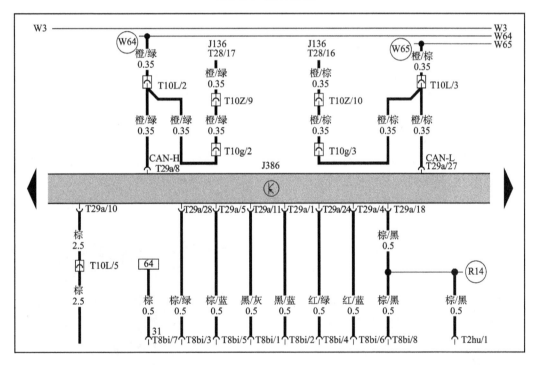

图 6-133　J386 电控模块与 CAN 总线连接

舒适系统 CAN 数据总线通过 2 根相互绞合的信号线同时传递数据,所有的控制模块都挂接在 2 根线路上进行数据交换和信号传递。如果各个车门控制模块与舒适系统中央控制模块之间 CAN 总线无法正常通信,就会导致左前车门模块至中控开关的信号无法正常传递到其他 3 个车门控制模块。并且所有的车门控制模块只能接收车门上直接输入到该模块的电动玻璃升降器开关的信号。所以,排除该车的故障的关键就是查找各个车门控制模块和中央控制模块 CAN 无法通信的原因。

第五步 通过 VAS6150B 进入 46－08－012，观察数据组测量值，4 组数据用"1"或"0"数值分别代表驾驶员车门、右前车门、左后车门及右后车门模块与舒适系统中央控制模块 CAN 数据总线的连接状态，此时 4 组数据均为"0"，说明各个车门控制模块与总线通信确实有故障。但还是无法确定具体的故障点。

第六步 用 DSO1200 示波表检测舒适系统波形，发现出现同相位，而且时断时续，如图 6-134 所示。

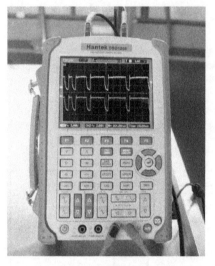

图 6-134 测得舒适系统 CAN 波形

从图 6-141 中分析，DTC 代码 01336 提示为舒适系统 CAN 总线处于单线故障状态下（间歇式），此时的故障原因可能是通信导线与正极、搭铁之间短路、线间短路，也可能是导线断路。

分析 CAN 总线检测波形，同相波形的原因应该是 CAN-H 与 CAN-L 之间发生了短路，但不是永久性状态。从舒适系统 CAN 总线的运行机制，在单线运行时应该还是可以传送数据的。

据此分析，故障原因可能不仅仅是 CAN-H 与 CAN-L 之间发生了短路所致。

第七步 由于舒适系统中央控制模块 J393 连接车辆 4 个门的控制单元，各个车门的 CAN 总线都在 J393 插头后面的线束内小脚，然后引入 J393 模块。仔细检查该处的线束，发现这里曾经维修过，有一处两根 CAN 线绝缘有破损且靠得较近。另外，在靠近 J393 插头的地方有一处 CAN-H 线路已经接近断路，断点接触不良。对于这两处受损导线分别进行了包扎和连接处理。

第八步 重新检测故障码和波形如图 6-135 和图 6-136 所示，同时发现原来的故障现象消失了。

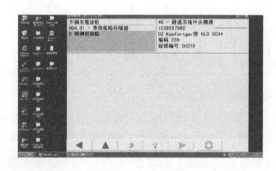

图 6-135 修复后 DTC 检测

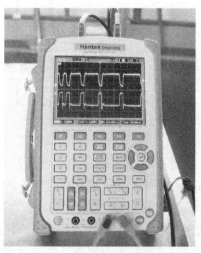

图 6-136 修复后波形检测

单元六 大众帕萨特新领驭 CAN 控制系统检修

第九步 故障定位过程回顾。

由于舒适系统导线绝缘层受损,导致间歇性短路情况发生,系统出现单线运行状态。或因断点的接触不良,受振动会产生没有规律的信号脉冲,干扰了总线的通信,导致 J393 的控制信号无法可靠的传输到其他控制单元。后一种情况是导致故障表象发生的主要原因。

由于是故障车辆,以前曾经维修过,这是客观现象发生的外部环境。因此在维修过程中,要特别注意问诊和检查相关的痕迹。通过逻辑分析,从偶然发生的现象中确定必然的故障定位。

本单元以大众帕萨特新领驭汽车为例,通过理实一体的形式,借助实例的操作去掌握相关的技能点、接受隐性知识点的传输、学会从维修手册和专业资料的查阅过程中获得帮助,养成适用于现代汽车维修特征的岗位能力。

本单元内容突出说明:现代汽车维修过程中,系统和原理比较复杂,但是借助维修手册和诊断设备的智能化的故障导航给维修过程带来很大的帮助。养成良好的技能习惯是关键。

(一)填空题

1. 在 CAN 系统中,防止信号发生反射的是( )。
   A. 数据线　　　　B. 传输终端　　　　C. 控制器　　　　D. 收发器
2. CAN-BUS 数据总线的两条线在数据传输时的电位是( )的。
   A. 相同　　　　　B. 相反　　　　　　C. 不一定　　　　D. 都不是
3. 舒适 CAN-BUS 数据总线的两条线在显性状态时电压差为( )V。
   A. 5　　　　　　 B. 12　　　　　　　C. 2　　　　　　 D. 24
4. 动力 CAN-BUS 数据总线的两条线在显性状态时电压差为( )V。
   A. 5　　　　　　 B. 12　　　　　　　C. 2　　　　　　 D. 24
5. 汽车电脑控制系统不包括( )部分。
   A. 传感器　　　　B. ECU　　　　　　C. 执行器　　　　D. 总线
6. 在发动机运行过程中,( )对传感器的输出信号进行监测。
   A. 传感器　　　　B. ECU　　　　　　C. 执行器　　　　D. 总线

(二)判断题

1. LIN 总线是一种辅助的串行通信总线网络。　　　　　　　　　　　　　( )
2. 多路传输是指在不同通道或线路上同时传输多条信息。　　　　　　　　( )

3. 数据传递终端实际是一个电阻器,作用是避免数据终端反射回来产生反射波而使数据遭到破坏。(　)

4. 第四代大众汽车的模块匹配必须先行登录制造商内网的中央数据库(FAZIT)(　)

5. 大众汽车故障码(DTC)在故障条件消失之后,经过40次循环仍未出现时,DTC将消失。(　)

(三)简答题

1. 简述车载网络系统的优点。

2. 简述大众第三代防盗系统与第四代防盗系统的差异。

3. 简述如何适配钥匙(第三代)。

4. 简述读取电控模块ECU内故障码的步骤。

参考文献

[1] 张军.汽车总线系统检修[M].北京:北京理工大学出版社,2010.
[2] 于万海.车载网络系统原理与检修[M].北京:电子工业出版社,2008.
[3] 徐景波.汽车总线技术[M].北京:中国人民大学出版社,2011.
[4] 朱双华.汽车CAN系统故障与检修技术[M].长沙:国防科技大学出版社,2008.
[5] 尹力会.汽车总线系统原理与检修[M].北京:机械工业出版社,2010.
[6] 廖向阳.车载网络系统检修[M].北京:人民交通出版社,2010.
[7] 凌永成.车载网络技术[M].北京:机械工业出版社,2013.
[8] 凌永成.汽车电子控制技术[M].2版.北京:北京大学出版社,2011.
[9] 李雷.汽车车载网络系统检修[M].北京:人民邮电出版社,2009.
[10] 王箴.CAN总线在汽车中应用[J].中国汽车报,2011.